Barbara Stelzl-Marx
Das Lager Graz-Liebenau in der NS-Zeit

Veröffentlichungen des Ludwig Boltzmann-Institutes
für Kriegsfolgen-Forschung
Graz – Wien – Klagenfurt

Herausgegeben von Stefan Karner

Band 20

Barbara Stelzl-Marx

Das Lager Graz-Liebenau in der NS-Zeit

Zwangsarbeiter – Todesmärsche – Nachkriegsjustiz

Graz 2012

Leykam

Das Forschungsprojekt und die Veröffentlichung wurden gefördert von

Kulturamt der Stadt Graz – Wissenschaftsreferat

Energie Steiermark

durchgeführt am
Ludwig Boltzmann-Institut
für Kriegsfolgen-Forschung,
Graz – Wien – Klagenfurt

Kein Teil des Werkes darf in irgendeiner Form (durch Fotografie, Mikrofilm oder ein anderes Verfahren) ohne schriftliche Genehmigung des Verlages reproduziert oder unter Verwendung elektronischer Systeme verarbeitet, vervielfältigt oder verbreitet werden.

Umschlagbild: Liebenauer Prozess vor dem Oberen Britischen Militärgericht in Graz im September 1947: Blick in den Gerichtssaal. (Quelle: StBTA)

Lektorat: Mag. Elisabeth Klöckl-Stadler, Zwiebelfisch, Hitzendorf

Covergestaltung und Umbruch: Helmut Lenhart

Druck und Bindung: Druckerei Theiss GmbH, A-9431 St. Stefan

Gesamtherstellung: Leykam Buchverlag

© by Leykam Buchverlagsgesellschaft m.b.H. Nfg. & Co. KG, Graz 2012
www.leykamverlag.at

ISBN 978-3-7011-0254-9

Inhaltsverzeichnis

Geleitworte: Siegfried Nagl 7
Christian Purrer 9

Vorwort 11
Das Lager Liebenau als Teil des Grazer „Lagerarchipels" 15
„Südostwall" und Todesmärsche ungarischer Juden 27
April 1945: Ungarische Juden im Lager Liebenau 31
    Exekutionen vor Kriegsende 33
    „Heil Hitler! Befehl ausgeführt": Erschießung von Plünderern 36
    „Für diese Schweine haben wir keine Medikamente":
    Verweigerte medizinische Versorgung 37
    „Erbärmliche Verpflegung": Wassersuppe und
    eine Scheibe Brot 38
Exhumierungen und Beisetzung auf dem Israelitischen Friedhof
    Graz 41
Der Liebenauer Prozess 51
    Urteilsverkündung: Zwei Todesurteile, eine Haftstrafe 60
    Gnadengesuche und Hinrichtung 63
Zusammenfassung 69
Anmerkungen 71

Anhang
    Zeittafel 81
    Abkürzungsverzeichnis 83
    Quellenverzeichnis 85
    Literaturverzeichnis 87
    Die Autorin 93

Geleitworte

„Das Menschliche ist eine Legierung von gut und böse! Der Riss, der durch alles Menschsein hindurch geht und zwischen gut und böse scheidet, reicht auch noch bis in die tiefsten Tiefen und wird eben auch noch am Abgrund, den das Konzentrationslager darstellt, offenbar. Wir haben den Menschen kennengelernt wie vielleicht bisher noch keine Generation. Was also ist der Mensch? Er ist das Wesen, das die Gaskammern erfunden hat; er ist aber zugleich auch das Wesen, das in die Gaskammern gegangen ist aufrecht und ein Gebet auf den Lippen."

Diese eindringlichen Worte des großen Österreichers und Begründers der Logotherapie Viktor Frankl sind der Grund, warum ich überzeugt davon bin, dass wir Symbole des Gedenkens, Gedenkstätten, Erinnerungstafeln und Dokumentationen immer noch brauchen. Es ist für eine Menschenrechtsstadt wie Graz eine Selbstverständlichkeit, alles daranzusetzen, dass jener Teil des Menschen, der das Gute will, immer die Oberhand behält.

Wir leben in einem der reichsten Länder und wahrscheinlich im sichersten Land der Erde. Zumindest zwei Generationen hatten bereits das Glück, in großem Wohlstand aufgewachsen zu sein und in diesem bis heute zu leben.

Wir durften die positiven politischen Erdbeben und den positiven historischen Wandel in Europa und der Welt miterleben wie kaum eine Generation in den vergangenen Jahrhunderten. Vom Fall des Eisernen Vorhangs und dem Zusammenrücken der europäischen Staaten bis zum ersten schwarzen Präsidenten der Vereinigten Staaten durften wir Zeugen eines Wandels werden, der in dieser Form eine Generation vor der unseren kaum denkbar war, ja geradezu als verrückte Träumerei abgetan worden wäre.

Gerade deshalb müssen wir unserer Generation und den nachfolgenden Generationen, die vieles davon bereits als Selbstverständlichkeit wahrnehmen, die menschlichen Abgründe immer wieder vor Augen führen, zu denen auch Menschen hier bei uns fähig waren, sie davor warnen und gemeinsam an einer besseren Welt bauen.

Kofi Annan hat es in seiner Rede als Friedensnobelpreisträger auf den Punkt gebracht: Wir müssen uns wie nie zuvor auf die Verbesserung der Lebensumstände des Einzelnen, jedes Mannes und jeder Frau, konzentrieren, denn sie machen den Reichtum und die Eigenart jedes Staates oder jeder Nation aus. Armut beginnt, wenn auch nur einem einzigen Kind das Grundrecht auf Bildung verwehrt wird.

Die Bildung, ein soziales Netz, die Suche nach dem Gemeinsamen, die klare Absage an Verharmloser und Rassisten und letztlich das Wissen um die eigene Geschichte sind die Pfeiler der Menschenrechtsstadt Graz.

Mein Dank gilt dem Ludwig Boltzmann-Institut für Kriegsfolgen-Forschung und allen, die an dieser Dokumentation gearbeitet haben.

Mag. Siegfried Nagl
Bürgermeister der Stadt Graz

Der sensible und respektvolle Umgang mit historischen Ereignissen ist der Energie Steiermark wichtig. Daher haben wir die vorliegende Studie beim Ludwig Boltzmann-Institut für Kriegsfolgen-Forschung gemeinsam mit der Stadt Graz in Auftrag gegeben. Unser Ziel war es, die Ereignisse beim Lager Graz-Liebenau während der NS-Zeit möglichst lückenlos aufzuarbeiten.

Wir werden die Erkenntnisse dieser Studie bei der Umsetzung des geplanten Murkraftwerkes in Graz mit dem gebotenen Respekt einfließen lassen. Darüber hinaus planen wir gemeinsam mit der Stadt Graz im Umfeld des Projektes die Errichtung eines Mahnmales im Gedenken an die Opfer – eine wichtige Geste wider das Vergessen.

DI Christian Purrer
Vorstandssprecher Energie Steiermark

Vorwort

Die Lager von Liebenau. Murkraftwerksgegner stolpern über ein „pikantes Detail: In Liebenau befand sich eines der größten Grazer Gefangenenlager des Dritten Reiches."[1] Mit diesen Worten betitelte die Grazer Journalistin Julia Schafferhofer im September 2011 einen zweiseitigen Artikel in der „Kleinen Zeitung" und brachte damit einen Stein ins Rollen. Plötzlich rückte eine Gruppe von Opfern des NS-Regimes ins Zentrum der Aufmerksamkeit, die weitestgehend in Vergessenheit geraten war. Dass ungarisch-jüdische Zwangsarbeiter im April 1945 auf ihrem Todesmarsch von der österreichisch-ungarischen Grenze Richtung Mauthausen im Lager Liebenau einen kurzen Zwischenstopp eingelegt hatten und mindestens 50 von ihnen getötet und in Massengräbern unweit der Mur verscharrt worden waren, war und ist bis heute kaum ein Teil des kollektiven Gedächtnisses der Grazer Bevölkerung.

Auf den ersten Blick haben sich keine Spuren vom ehemaligen Zwangsarbeiterlager Graz-Liebenau erhalten, das südlich der Kirchnerkaserne zwischen linkem Murufer und Kasernstraße bis auf Höhe der heutigen UPC-Arena für rund 5000 Insassen eingerichtet worden war. Die einstigen Holzbaracken sind längst Wohnhäusern in einem verwinkelten Straßennetz und Grünflächen gewichen; vom Westen her nähert man sich dem ehemaligen Lagerareal am besten zu Fuß oder mit dem Fahrrad über den Puchsteg[2], der bereits 1942 gebaut wurde. Eine Gedenktafel, die an die Dutzenden NS-Opfer erinnert, die hier im Zentrum von Graz eines gewaltsamen Todes gestorben sind, fehlt zurzeit noch.

Bei genauerem Hinsehen lassen sich jedoch die unterschiedlichsten Spuren erkennen:
- Ein Grab auf dem Israelitischen Friedhof, in dem im Juni 1947 insgesamt 46 der 53 exhumierten Leichen beigesetzt wurden.

- Obduktionsberichte der Nachkriegszeit: Sie findet man am Institut für gerichtliche Medizin der Karl-Franzens-Universität Graz und im Public Record Office in London.
- Prozessunterlagen: Die britische Besatzungsmacht hatte im September 1947 einen Prozess gegen vier ehemalige Mitglieder des Lagerpersonals von Liebenau durchgeführt, der in zwei Fällen mit der Verhängung von Todesstrafen endete. Die Niederschriften der Einvernahmen der Angeklagten und die Bestätigungen der Todesurteile liegen gleichfalls in London.[3]
- Medienberichte: Aufschlussreich ist zudem die zeitgenössische Berichterstattung in mehreren Zeitungen, weil sie die Exhumierungen vom Mai 1947 und den anschließenden Liebenauer Prozess dokumentieren. Darin findet sich auch ein Hinweis, dass weit mehr als die genannten 53 Opfer getötet und somit im Mai 1947 nicht alle Leichen exhumiert worden wären.[4]
- Pläne zur Lageranlage und zu den einzelnen Baracken im Grazer Stadtarchiv: In amerikanischen Archiven liegen zudem Luftaufnahmen der US Air Force, die beim großen US-Luftangriff am Ostermontag, dem 2. April 1945, auch Teile des Lagers zerstörte. Auf den Fotos ist das „Labor camp" mit seinen symmetrisch angelegten Baracken klar erkennbar.
- Außerdem fand Liebenau als Teil des Grazer Lagersystems und in seiner Funktion als Zwischenstation bei den Todesmärschen ungarischer Juden in Richtung Mauthausen Eingang in die Forschung.[5]

Ziel der vorliegenden Arbeit ist es, die Ereignisse im Lager Liebenau unmittelbar vor Kriegsende 1945, die Exhumierungen 1947 und den Prozess vor dem britischen Oberen Militärgericht im Grazer Landesgericht zu dokumentieren und als Teil der Grazer Geschichte der Öffentlichkeit zugänglich zu machen. Die bis heute namentlich überwiegend unbekannten Menschen, die im April 1945 Opfer von Verbrechen mitten in Graz wurden, sollen somit dem kollektiven Vergessen entrissen werden.

***

Vorwort

Für das Zustandekommen dieser Studie gilt es, mehrfach Dank zu sagen: Zunächst Bürgermeister Mag. Siegfried Nagl, Mag. Gert Haubenhofer und Senatsrat Dr. Peter Grabensberger, Stadt Graz, sowie DI Christian Purrer und Dr. Josef Kranz, ESTAG, für die Förderung des Forschungsprojektes und der vorliegenden Publikation. Univ.-Prof. Dr. Stefan Karner hat seine eigenen Forschungen und Kenntnisse zur Verfügung gestellt und sich um Förderung der vorliegenden Studie bemüht. Mag. Harald Knoll, Ing. Peter Sixl und Mag. Dieter Bacher vom Ludwig Boltzmann-Institut für Kriegsfolgen-Forschung danke ich für hilfreiche Hinweise sowie Mag. Martin Florian für die Erstellung der Grafiken.

Besonderer Dank gebührt für die Unterstützung bei den Archivarbeiten: Dr. Sabine und Katharina Lee im Public Record Office London, Mag. Matthias Kaltenbrunner im Österreichischen Staatsarchiv in Wien und in der Österreichischen Nationalbibliothek, Dr. Elisabeth Schöggl-Ernst und Dr. Gernot Obersteiner im Steiermärkischen Landesarchiv und Mag. Georg Hoffmann in der National Archives and Records Administration, Washington D. C. Univ.-Prof. Dr. Eduard Leinzinger stellte dankenswerterweise Unterlagen aus dem Archiv des Instituts für gerichtliche Medizin der Universität Graz, Heide Kaier Dokumente aus dem Meldeamt der Stadt Graz und Dr. Werner Strahalm aus dem Stadtarchiv Graz zur Verfügung. Dr. Heimo Halbrainer, CLIO Graz, und Walter Dal-Asen, Landl, sei für die Bereitstellung von Bildmaterial gedankt. Für das sorgfältige Lektorat danke ich Mag. Elisabeth Klöckl-Stadler, für das Layout Helmut Lenhart. Außerdem bin ich Herrn Dr. Wolfgang Hölzl für die Aufnahme des Bandes in das Programm des Leykam-Buchverlages verbunden.

Barbara Stelzl-Marx
Graz, im August 2012

Das Lager Liebenau
als Teil des Grazer „Lagerarchipels"

Während der NS-Zeit gehörten in Graz – wie in den meisten Orten des „Dritten Reiches" – unterschiedlich große Lagereinrichtungen zum Erscheinungsbild der Stadt. Dieser „Lagerarchipel" beherbergte dringend benötigte und zudem günstige Arbeitskräfte für die Kriegswirtschaft: Kriegsgefangene, zivile Zwangsarbeiter, KZ-Häftlinge. Manche der Lager dienten als Unterkunft für die Arbeitskräfte ausschließlich einer Firma – etwa der Steyr-Daimler-Puch AG oder der Firma Treiber; in anderen waren Zwangsarbeiter untergebracht, die in unterschiedlichen Bereichen der Kriegswirtschaft zum Einsatz kamen.[6]

Die Lager selbst wurden in der Regel nach dem Muster der Reichsarbeitsdienstlager (RAD) errichtet, d. h., die Baracken waren üblicherweise 8,14 Meter breit, 19,98 Meter lang und zwischen 2,8 und 3 Meter hoch. Einige der Baracken, wie etwa jene für französische Kriegsgefangene in Liebenau, waren sogar 26 Meter lang. Die Holzbauten, die im Inneren kaum abgeteilte Räume aufwiesen, standen meist auf Holzpfählen; nur selten kamen Betonfundamente zum Einsatz.[7]

Eines der größten dieser Lager in Graz war das Lager Liebenau. Ursprünglich als „Lager V" für umgesiedelte Volksdeutsche 1940 gegründet, diente es während des Zweiten Weltkrieges als Unterkunft für ausländische Kriegsgefangene und Zwangsarbeiter. Ab Februar 1941 konnten in den 190 Holzbaracken des in der Ulrich-Lichtenstein-Gasse, südlich der Kirchnerkaserne zwischen Kasernstraße und linkem Murufer gelegenen Lagers rund 5000 Personen untergebracht werden.[8] Gegenüberliegend am rechten Murufer befanden sich das durch den Luftangriff am 2. April 1945 vollkommen zerstörte Lager IV sowie das Steyr-Daimler-Puch-Werk Graz.[9]

Spätestens ab 1942 diente zumindest ein Teil des Liebenauer Lagers als Wohnlager der Grazer Verkehrs-Gesellschaft, in dem ausländische Zwangsarbeiter und Kriegsgefangene untergebracht waren. Auch diese Einrichtung wurde beim größten Luftangriff gegen Graz, den die 15. US-Luftflotte am Ostermontag, dem 2. April 1945, flog, zerstört.[10] An diesem Tag „herrschte Sonnenschein mit teilweise leichter Bewölkung".[11]

Akten der Gestapo Graz vom Jänner und März 1943 verweisen zudem auf ein „Kriegsgefangenenlager Liebenau" sowie auf ein „Frauenarbeitslager" bzw. „Zivilarbeiterlager" Liebenau, die beide zum Steyr-Daimler-Puch-Werk gehörten und lediglich durch einen Draht

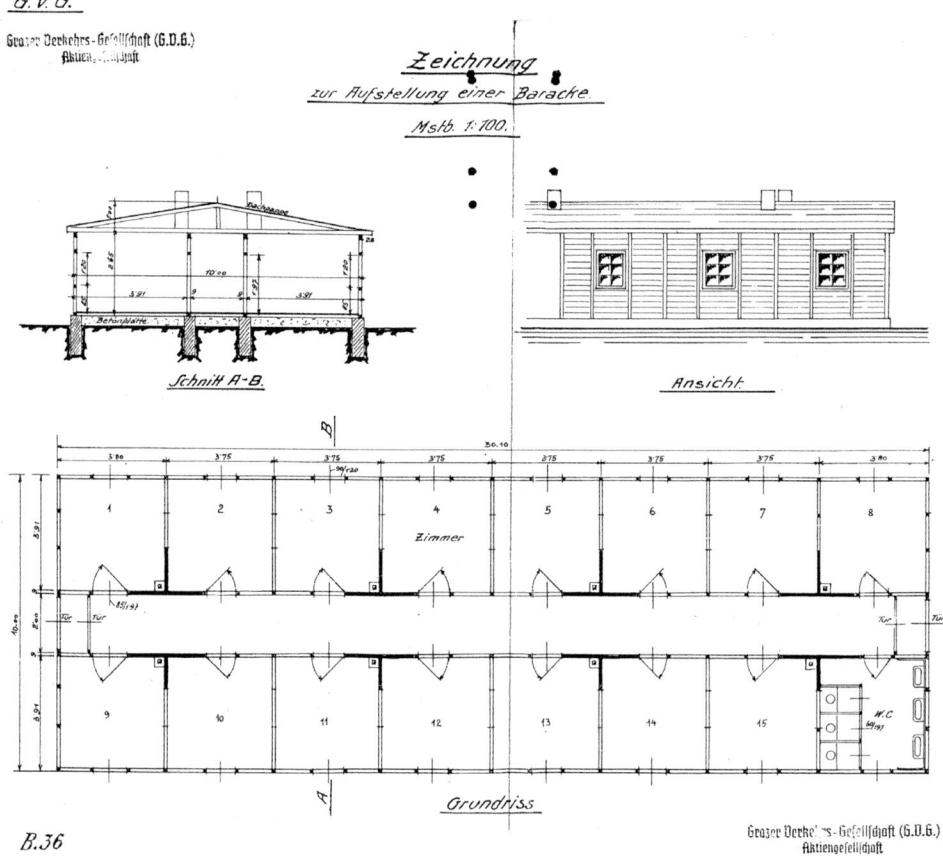

Plan einer Wohnbaracke der Grazer Verkehrs-Gesellschaft im Lager Liebenau. (Quelle: StA, Liebenauer Hauptstraße 2, 1060/1942)

Das Lager Liebenau als Teil des Grazer „Lagerarchipels"

voneinander getrennt waren.[12] In dieses Liebenauer „Gemeinschaftslager der Steyr-Daimler-Puch AG" fielen am 12. März 1945 insgesamt 17 Bomben, die sieben Baracken zerstörten und vier schwer beschädigten. Bei dem Angriff wurden acht Ausländer getötet und zwei verwundet.[13]

Im Umsiedlerlager Graz-Liebenau verloren 1941/42 rund 40 v. a. aus Rumänien stammende Personen ihr Leben, darunter auch mehrere Kinder. In der Zeit von 1943 bis Kriegsende starben etwa 70 ausländische Zwangsarbeiterinnen und Zwangsarbeiter bzw. deren Kinder im Lager Liebenau. Sie stammten vorwiegend aus der Sowjetunion, aus Frankreich oder Italien. Die häufigste Todesursache waren Verletzungen in Folge von Bombenangriffen auf Graz (etwa am 26. Juli 1944, am 11. Dezember 1944, am 1. Februar 1945 oder, wie bereits erwähnt, am 12. März 1945). Aber auch Selbstmorde und Hinrichtungen waren darunter.[14]

Wegen des gestiegenen Bedarfs an Rüstungsarbeitern im Werk II der Steyr-Daimler-Puch AG in Thondorf sollte im November 1943 ein Teil der Baracken vom Lager Liebenau in das Lager Murfeld verlegt

Die US Air Force zeichnete das Lager Liebenau in der Luftbildaufnahme vom Mai 1944 als „Labor Camp" ein. (Quelle: NARA, RG 243, 4, IIIa 1108; Grafik: Martin Florian)

Das Lager Graz-Liebenau in der NS-Zeit

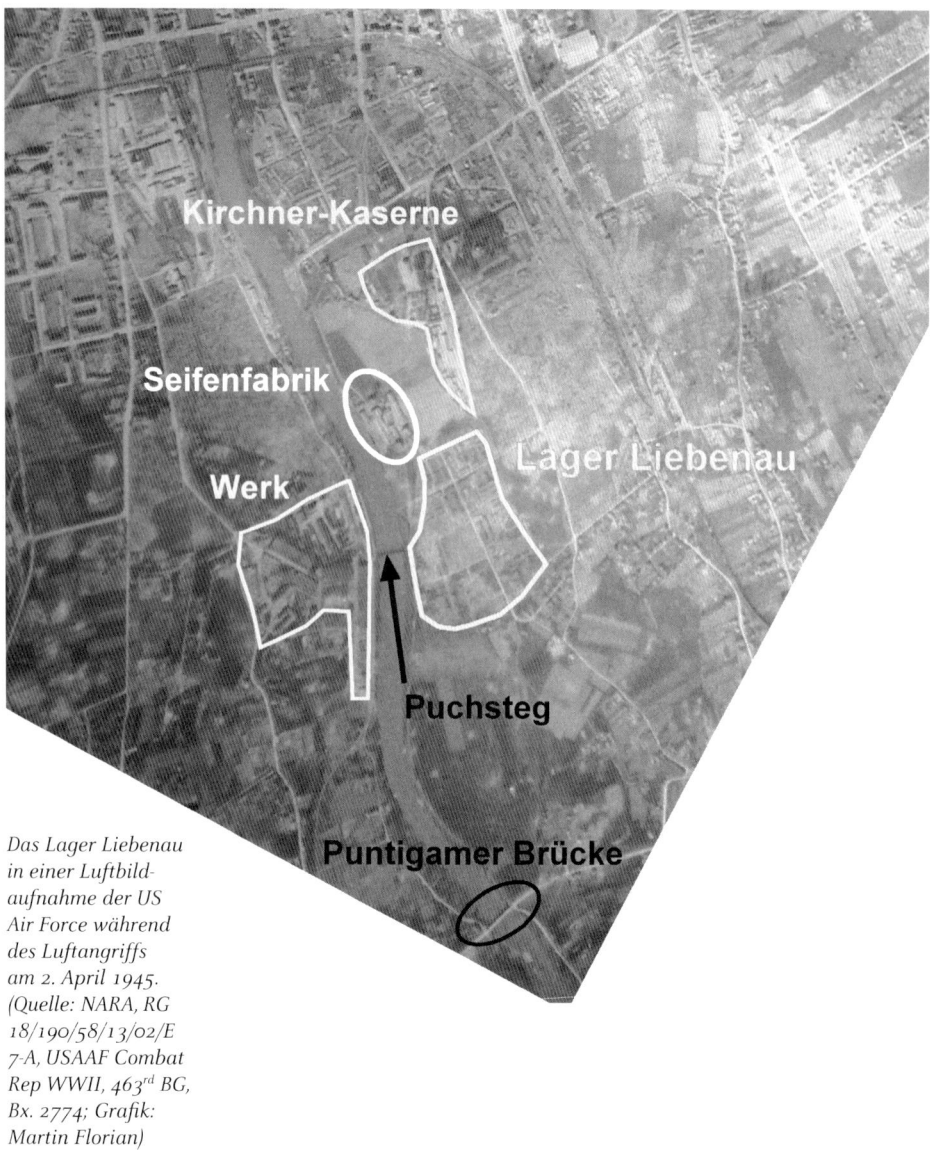

Das Lager Liebenau in einer Luftbildaufnahme der US Air Force während des Luftangriffs am 2. April 1945. (Quelle: NARA, RG 18/190/58/13/02/E 7-A, USAAF Combat Rep WWII, 463rd BG, Bx. 2774; Grafik: Martin Florian)

Das Lager Liebenau als Teil des Grazer „Lagerarchipels"

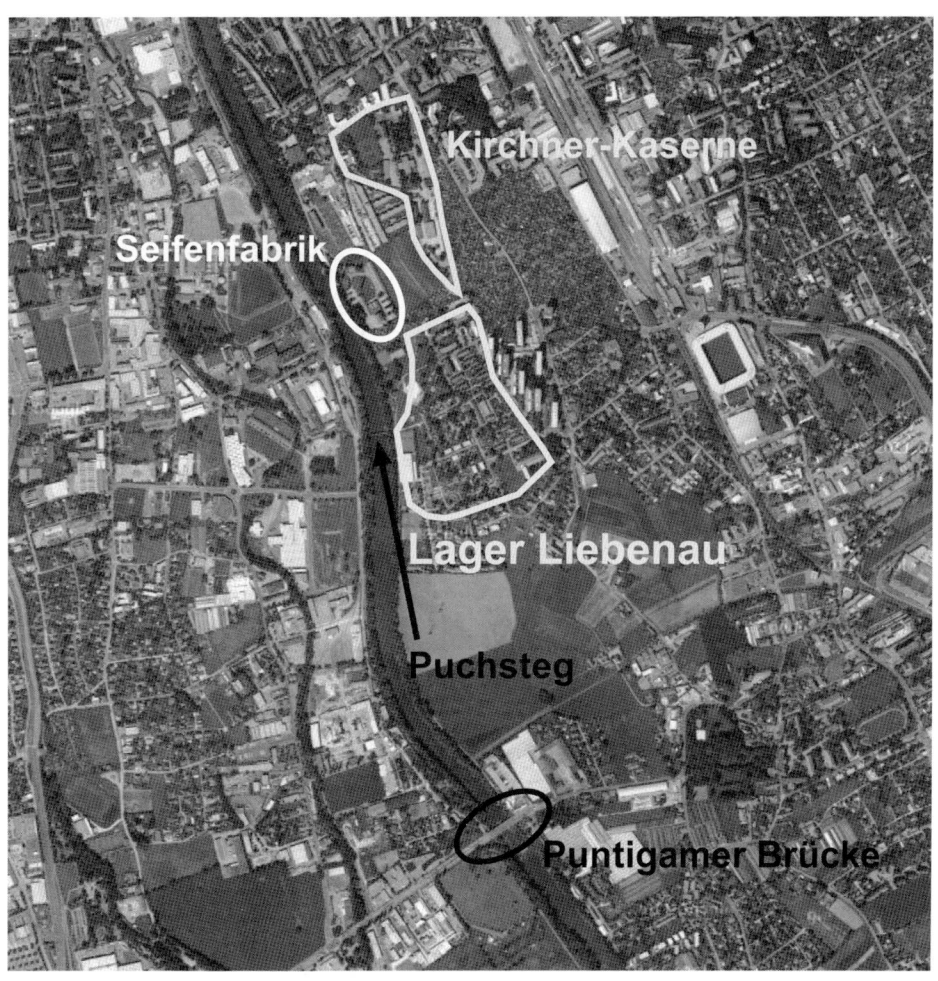

Das Areal des ehemaligen Lagers Liebenau in einer aktuellen Luftbildaufnahme. (Quelle: http://maps.google.com/maps, Grafik: Martin Florian)

Das Lager Graz-Liebenau in der NS-Zeit

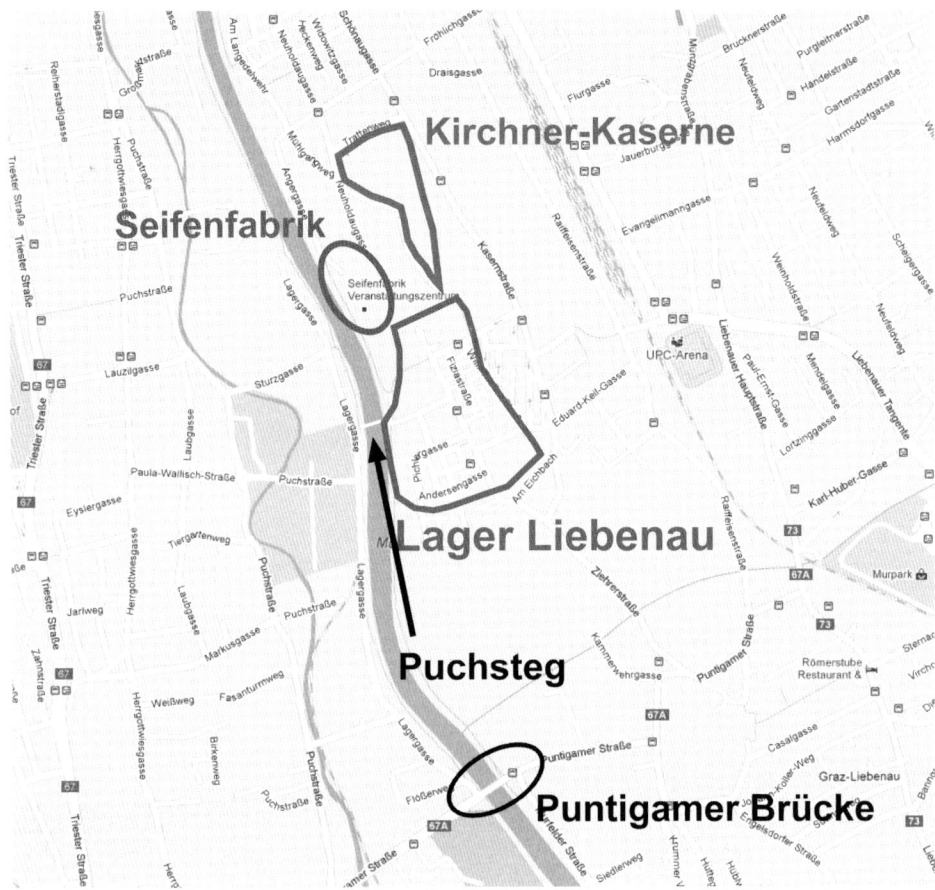

Das ehemalige Liebenauer Lagerareal ist heute größtenteils verbaut. (Quelle: http://maps.google.com/maps, Grafik: Martin Florian)

werden. Als Grund wurden Transportschwierigkeiten der Deutschen Reichsbahn angegeben, weswegen das Werk die Umstellung von zehn Mannschaftsbaracken, zwei Waschbaracken und zwei Abortbaracken forderte.[15]

Als typisch kann der mehrfache Funktionswechsel gerade der großen Lager in Graz bezeichnet werden, der sich bis in die Nachkriegszeit fortsetzte: So gingen die Lager Liebenau und Steinfeld, das Roseggerlager in Wetzelsdorf sowie die sogenannten Lager Nord und Süd in der Alten Poststraße aus den 1940 im Auftrag des Gauhauptmannes errichteten Umsiedlerlager I bis V hervor, die zunächst kurze Zeit zur Unterbringung von Umsiedlern aus dem Buchenland und aus Bessarabien gedient hatten. Nach der Befreiung der Kriegsgefangenen und zivilen Zwangsarbeiter im April bzw. Mai 1945 fungierten diese Einrichtungen wiederum als Flüchtlingslager. Das Lager Liebenau stellte zudem eine Zwischenstation auf dem Todesmarsch ungarischer Juden im April 1945 dar, die nach ihrem Einsatz beim „Südostwall" Richtung Mauthausen evakuiert wurden, wie im Folgenden ausführlich dargelegt wird.[16] In der Nachkriegszeit diente es unter der Bezeichnung „Am Grünanger" als Flüchtlingslager.[17]

Das Barackenlager Liebenau selbst verkaufte die Steyr-Daimler-Puch AG im Juli 1947 der Stadtgemeinde Graz um 210.439 Schilling. Der auf öffentlichem Grund gelegene Steg, der zur Verbindung des Werkes zum Lager Liebenau diente, ging für 22.000 Schilling ins Eigentum der Stadt über. Zu diesem Zeitpunkt waren die Baracken teilweise bereits in einem desolaten Zustand. So waren die Mannschaftsbaracken im ehemaligen französischen Kriegsgefangenenlager nur mehr zu 15 Prozent vorhanden, von einer der Mannschaftsbaracken im „ausländischen Produktionsarbeitslager" existierte lediglich noch der Holzfußboden. Hingegen war der Zustand der ehemaligen Sanitätsstation relativ zufriedenstellend: Die Waschbaracke mit eingebauter Entlausungsanlage verfügte noch über eine zu 90 Prozent funktionstüchtige Kalt- und Warmwasserbereitungsanlage. Die Stadt Graz traf fortan „Last und Gefahr" des Kaufobjektes.[18]

Nach dem Zweiten Weltkrieg diente das ehemalige Zwangsarbeiterlager in der Kapellenstraße als Barackensiedlung für Flüchtlinge. (Quelle: StBTA, KB 21816)

Archiv Nr. 4077

Kaufvertrag

welcher am heutigen Tage zwischen der STEYR-DAIMLER-PUCH Aktiengesellschaft, im Folgenden Verkäuferin genannt, einerseits und der STADTGEMEINDE GRAZ, vertreten durch den Bürgermeister Dr. Eduard Speck, im Folgenden Käufer genannt, andererseits wie folgt abgeschlossen wurde:

I.

Die Verkäuferin ist Eigentümerin des Barackenlagers in Liebenau und gehören hiezu laut Bestandsaufnahme vom 15.10.1946 und 17.10.1946 folgende Objekte bzw. Materialien:

A.

Ehemaliges Familienlager (No.56 und 57)

1 Mannschaftsbaracke No.38 Type RAD, 8.14 m breit und 19.98 m lang, in Einzelzimmer aufgeteilt.

1 Mannschaftsbaracke No.39 wie vor, in Einzelzimmer aufgeteilt.

1 Mannschaftsbaracke No.40, mit 2 Zwischenwänden.

1 Mannschaftsbaracke No.41, in Einzelzimmer aufgeteilt.

1 Mannschaftsbaracke No.4 mit 2 Querwänden.

1 Mannschaftsbaracke No.5, teilweise in Einzelzimmer aufgegliedert, 80 % stehend vorhanden.

1 Mannschaftsbaracke No.6 mit 2 Querwänden, 60 % stehend vorhanden.

1 Abortbaracke, 60 % stehend vorhanden.

1 ehemalige Polizeibaracke No.93, 1/3 Einzelzimmer aufgeteilt.

1 Mannschaftsbaracke No.94, in Einzelzimmer aufgeteilt.

Materialbestand:

10 Waggons beschädigte Barackenteile, entstanden durch Sturmschaden.
2 Waggons Brennholz.

Ehemalige Sanitätsstation:

1 Verwaltungsbaracke, in Einzelzimmer aufgeteilt.

1 Waschbaracke mit eingebauter Entlausungsanlage. Kalt- und Warmwasserbereitungsanlage zu 90 % vorhanden.

2 Abortbaracken, je Baracke zu 50 % vorhanden.

2 Mannschaftsbaracken, in Einzelzimmer aufgeteilt.

1 Kohlenschuppen 8.- x 8.- = 64 qm gross.

Ehemaliges ausländisches Produktionsarbeiterlager (No.48 u.49)

1 Waschbaracke, Baracke 70 % stehend vorhanden. Kalt- und Warmwasseraufbereitungsanlage zu 50 % vorhanden.

1 Mannschaftsbaracke No.4, 10 % liegend vorhanden.

1 Mannschaftsbaracke No.5, Holzfussboden vorhanden.

1 Mannschaftsbaracke No.3, Holzfussboden 40 % vorhanden.

Ehemaliges französ. Kriegsgefangenenlager (No.50 und 51).

1 Verwaltungsbaracke No.9, 8.14 m breit und 26.- m lang, 30 % liegend vorhanden.

Das Lager Graz-Liebenau in der NS-Zeit

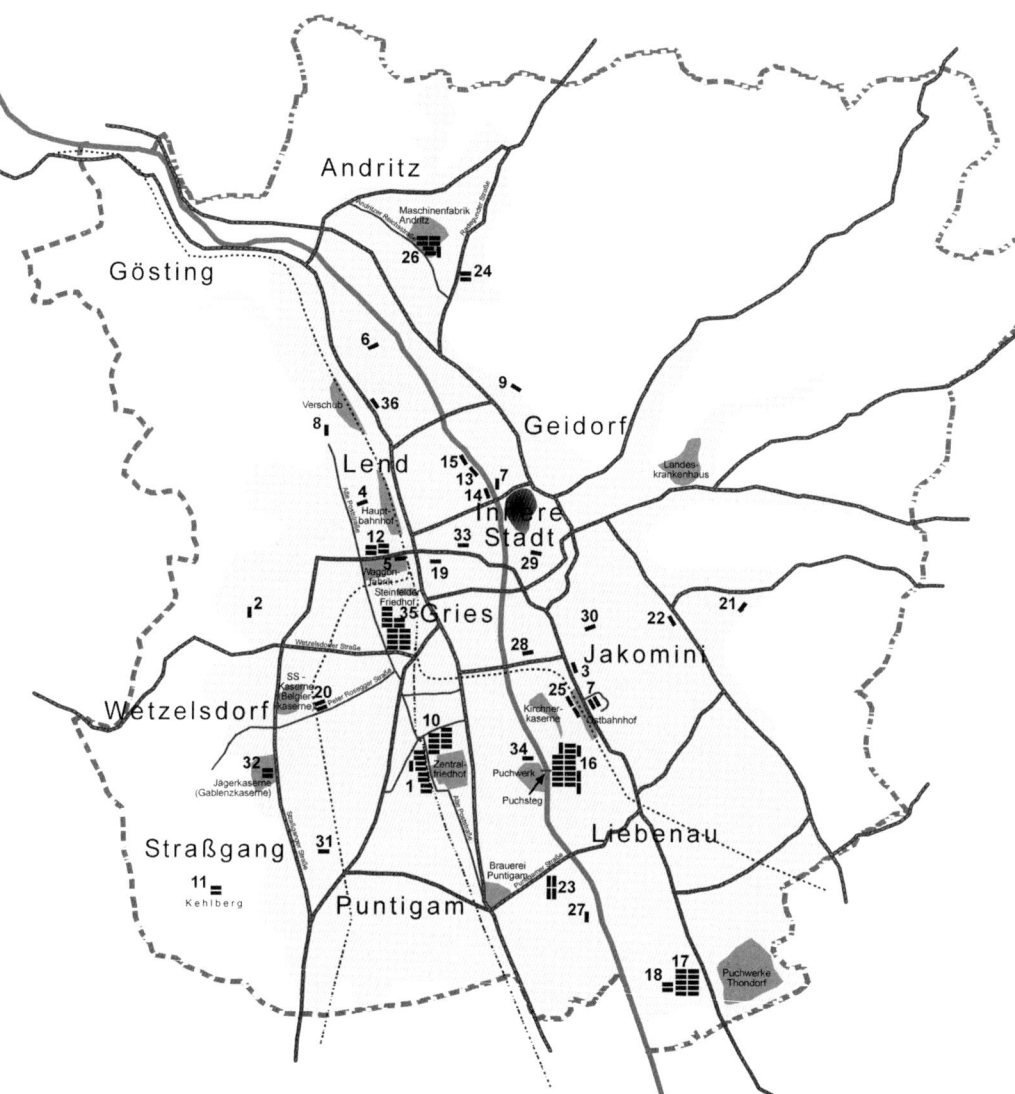

Graz war während des Zweiten Weltkriegs von einem dichten Netz an Zwangsarbeiterlagern überzogen. (Quelle: Stelzl, Lager in Graz; Knoll, Lager in der Steiermark; Grafik: Martin Florian)

Abbildungen auf den beiden vorangegangenen Seiten: Im Juli 1947 verkaufte die Steyr-Daimler-Puch AG das Barackenlager Liebenau und den Puchsteg an die Stadt Graz. Die Baracken selbst waren größtenteils bereits in einem desolaten Zustand. (Quelle: StA, 4077, Kaufvertrag über Barackenlager Liebenau, S. 1, 6)

Das Lager Liebenau als Teil des Grazer „Lagerarchipels"

Nr.	Adresse	Lagerbezeichnung
1	Alte Poststraße 351 (westlich des Zentralfriedhofs)	Lager Graz-Süd; Durchgangslager für sowjetische Kriegsgefangene (19 Baracken)
2	Baiernstraße 110	Lager der Reichsbahn in Wetzelsdorf
3	Conrad-von-Hötzendorf-Straße	KHD-Lager
4	Dreierschützengasse	Lager für ausländische Arbeiter der Stahlbaufirma Binder
5	Eggenberger Straße	Lager für kroatische Zwangsarbeiter der Waggon- und Maschinenfabrik AG
6	Exerzierplatzstraße 34	Lager für Kriegsgefangene in Gösting
7	Flurgasse 26	Zwangsarbeiterlager „Sägewerk" der Firma Wallner, Leeb und Huber
8	Glasfabrikstraße 65, Reinbacherweg	Lager Steinbruch-Glasfabrik, Arbeitskommando 349/GW für sowjetische Kriegsgefangene des Stalag XVIII B Spittal/Drau
9	Hochsteingasse	RAD-Lager
10	Kapellenstraße 41, Alte Poststraße (nördlich des Zentralfriedhofes)	Lager Nord-Süd (für 2200 Personen)
11	Kehlbergstraße	Lager für sowjetische Zwangsarbeiter
12	Körösistraße 17	Lager für sowjetische Zwangsarbeiter und Kriegsgefangene für Verladearbeiten am Hauptbahnhof; ehemalige Schwitzermühle
13	Lendkai 68	Baracke der Firma Brandl
14	Lendkai 94–98	Wohnbarackenlager
15	Lendkai, Buhnengasse	RAD-Lager
16	Liebenauer Hauptstraße (Nord), Ulrich-Lichtenstein-Gasse	Lager V, Lager Liebenau der Steyr-Daimler-Puch AG und Grazer Verkehrs-Gesellschaft (190 Baracken)
17	Liebenauer Hauptstraße (Süd)	Lager Murfeld I und II für Arbeiter der Steyr-Daimler-Puch AG (24 Baracken)
18	Neudorfer Straße 18–20	Arbeitserziehungslager Thondorf auf dem Areal des Lagers Murfeld II
19	Niesenbergergasse	Lager der Lederfabrik Franz Rieckh & Sohn
20	Peter-Rosegger-Straße, Wachtelgasse (Wetzelsdorf)	Roseggerlager, Lager II; Lager für britische Kriegsgefangene und ausländische Zwangsarbeiter (6 Baracken)

Nr.	Adresse	Lagerbezeichnung
21	Peterstalstraße 150	Zwangsarbeiterlager einer Hoch- und Tiefbaufirma
22	Plüddemanngasse	RAD-Lager
23	Puntigamer Straße 129	Lager für Kriegsgefangene und Zwangsarbeiter der Treiber & Co GmbH (5 Baracken)
24	Radegunderstraße	Lager für sowjetische Zwangsarbeiter der Kettenfabrik Pengg-Walenta
25	Raiffeisenstraße 48	Baracke für Zwangsarbeiter einer Baufirma
26	Reichsstraße 66	Kriegsgefangenenlager der Maschinen-Fabrik Andritz
27	Rudersdorf, Puntigamer Straße	Kriegsgefangenenlager des Gaswerks Puntigam-Rudersdorf
28	Schönaugasse 64	Lager der Styria
29	Stempfergasse	Zwangsarbeiterlager der Leykam
30	Steyrergasse	Zwangsarbeiterlager der Grazer Verkehrsgesellschaft
31	Straßgang	Arbeiterlager der STUAG
32	Straßgangerstraße 360	Jägerkaserne (Gablenz-Kaserne); Lager für sowjetische Kriegsgefangene
33	Strauchergasse	DAF-Lager
34	Sturzgasse (Gelände des städtischen Wirtschaftshofs)	DAF-Lager
35	Wetzelsdorfer Straße, Mühlgasse beim „Judenfriedhof" (Steinfeld)	Lager I für sowjetische Zwangsarbeiter und ausländische Hilfsarbeiter
36	Wienerstraße 186	Lager der Firma Hutter und Schrantz

„Südostwall" und Todesmärsche ungarischer Juden

Im Zuge des unaufhaltsamen Vormarsches der Roten Armee verfügte Adolf Hitler im Sommer 1944 die Umsetzung einer „festen" Abwehrstrategie mit einem Netz von mehreren Festungslinien, die von der Kurischen Nehrung bis zur Adria reichen sollten. Als Teil des östlichen Schutzschirms der „Festung Europa" entstand an der reichsdeutsch-(österreichisch-)ungarischen Grenzzone der – später offiziell als „Reichsschutzstellung" bezeichnete – „Ostwall" bzw. „Südostwall",[19] bestehend aus Verteidigungsstellungen für die zurückweichenden deutschen Truppen und vor allem Panzergräben in offenen Geländeteilen.[20] Seine nördliche Festungslinie, die Linie Niederdo-

Der unter Einsatz Tausender Zwangsarbeiter und Kriegsgefangener errichtete „Südostwall" stellte letztlich für die sowjetischen Truppen kein nennenswertes Hindernis dar. (Quelle: StBTA, KB 23789)

nau, zog sich von der slowakischen Hauptstadt Bratislava (Preßburg) südlich bis zum Gipfel des Geschriebensteins nahe der ungarischen Stadt Kőszeg (Güns).[21] Vom Geschriebenstein setzte sich der „Ostwall" im Festungsabschnitt Steiermark fort, wobei vom Südende des Burgenlandes bis zur Adria nur mehr einige stützpunktartige Stellungen errichtet wurden.[22] Letztlich stellte der „Südostwall" für die rasch vordringende Rote Armee kein besonderes Hindernis dar.[23]

Für die vorgesehenen Schanzarbeiten kamen neben „reichsdeutschen" Arbeitskräften, HJ und eilig dorthin beorderten „Volkssturmmännern" vor allem auch Zwangsarbeiter und Kriegsgefangene aus mindestens zwölf Nationen zum Einsatz, darunter etwa 50.000 ungarische Juden.[24] Diese sogenannten „Arbeitsdienstler" hatten, als sie im November 1944 der SS übergeben wurden,[25] bereits jahrelange Strapazen an der ungarischen Ostfront beziehungsweise in ungarischen Arbeitslagern hinter sich.[26] Die unmenschlichen Lebens- und Arbeitsbedingungen beim Festungsbau führten zu weiterer Entkräftung und zum Ausbruch von Krankheiten wie Flecktyphus. Bis März 1945 verstarben rund 15.000 Personen an den Folgen von schwerer Arbeit, Unterernährung, Krankheiten oder Misshandlungen und Tötungen durch das Wachpersonal.[27] In vielen der insgesamt 55 Zwangsarbeitslager an den verschiedenen Bauabschnitten waren die Lebensbedingungen vergleichbar mit jenen in KZs.[28]

Als sich im März 1945 die Rote Armee der Reichsgrenze im Burgenland näherte, begann die „Evakuierung" der ungarisch-jüdischen Schanzarbeiter ins KZ Mauthausen, um einer Befreiung durch sowjetische Truppen zuvorzukommen. Dabei mussten die Zwangsarbeiter aus dem Gebiet Kőszeg und im Reichsgau Steiermark den Weg nach Mauthausen durch das heutige Burgenland, die Steiermark und Oberösterreich zu Fuß zurücklegen.[29] Angehörige des örtlichen „Volkssturms" und der Gendarmerie sowie 16- und 17-jährige Hitlerjungen waren für jeweils etwa zwanzig Kilometer als Eskorte eingesetzt. Zusätzlich begleitete jede der aus durchschnittlich 500 bis 2000 Zwangsarbeitern bestehenden Marschgruppen eine fixe Wachmannschaft sowie eine Transportleitung, die in den Händen von SS oder Gestapo lag.[30]

Während der Evakuierungsmärsche hatten die Wachmannschaften den Befehl, nicht mehr Marschfähige zu erschießen. Auch Fluchtversuche oder Betteln um Essen oder unerlaubtes Trinken zogen häufig Erschießungen nach sich. Einwohner, die den Vorbeimarschierenden Essen zustecken wollten, wurden meist vertrieben.[31]

„Südostwall" und Todesmärsche ungarischer Juden

Neben diesen „routinemäßigen" Ermordungen kam es zu regelrechten Massakern, wie am Präbichlpass bei Eisenerz, wo ortsansässige SA-Männer in die Marschgruppe hineinschossen und dabei etwa 200 Personen töteten.[32] Der berüchtigtste Fall ereignete sich jedoch in Rechnitz in den Morgenstunden des 25. März 1945: Ein Kommando aus Gästen eines im Schloss Batthyány abgehaltenen Fests, das die Stellungsbau-Prominenz anlässlich des bevorstehenden Rückzugs feierte, ermordete etwa 200 marschunfähige ungarische Juden.[33]

Tausende ungarische Jüdinnen und Juden erfroren oder verhungerten vor den Augen der Einheimischen. Augenzeugenberichte sprechen aber auch von Übergriffen seitens der Zivilbevölkerung,

Routen der Todesmärsche ungarischer Juden durch das heutige Burgenland und die Steiermark. (Quelle: Lappin-Eppel, Ungarisch-Jüdische Zwangsarbeiter, Grafik: Martin Florian)

die zum Teil äußerst aggressiv auf die vorüberziehenden Kolonnen reagierte.[34] Die Opfer dieser Todesmärsche wurden meist in Wäldern, auf Wiesen beziehungsweise einfach am Straßenrand verscharrt oder bisweilen auf nahen Ortsfriedhöfen begraben.[35] Die „Todesspuren", denen sich das Projekt „Mobiles Erinnern" des Kremser Künstlers Christian Gmeiner widmete, zogen sich quer durch den Osten Österreichs.[36] Bis heute strukturiert diese „ganz spezifische Leerstelle" in der Topografie des Erinnerns und Vergessens die „österreichische Gedächtnislandschaft seit 1945".[37]

Nach Angaben des ehemaligen Mauthausener Lagerkommandanten Franz Ziereis erreichte nur ein Bruchteil der erwarteten 60.000 Juden tatsächlich das Konzentrationslager. Lediglich eine Minderheit wurde im Stammlager untergebracht, etwa 20.000 kamen in ein in Richtung Marbach errichtetes Zeltlager. Von Mauthausen aus mussten etwa 18.000 ungarische Jüdinnen und Juden nochmals einen Todesmarsch in das 50 Kilometer westlich gelegene „Waldlager" des KZ Gunskirchen erdulden, wo die völlig Erschöpften kaum versorgt wurden. Hunger, Flecktyphus und Massenerschießungen durch SS-Wachen und die Wiener Feuerwehr kosteten nochmals zwischen 2500 und 5000 von ihnen das Leben.[38] US-amerikanische Truppen befreiten hier schließlich am 4. Mai 1945 etwa 15.000 bis 20.000 Personen.[39] Nach dieser letzten Etappe ihres Leidensweges verstarben noch Hunderte in den ersten Nachkriegswochen an den Folgen von Krankheiten und Unterernährung.[40] Aufgrund der entdeckten Gräber wird die Zahl der ungarisch-jüdischen Todesopfer in Österreich während dieses „letzten Kapitels des Holocaust" (Gerlach/Aly) auf etwa 23.000 geschätzt.[41] Einige von ihnen hatten im Lager Liebenau in Graz ihr Leben verloren.

April 1945: Ungarische Juden
im Lager Liebenau

Auf dem Weg nach Mauthausen trafen ab Anfang April 1945 mehrere Kolonnen ungarischer Juden in Graz-Liebenau ein.[42] Bereits die unterschiedlichen Routen nach Graz waren von Gräbern etwa in Kainbach oder Mariatrost flankiert worden. Auf der Laßnitzhöhe hatten Waffen-SS-Männer 13 kranke ungarische Juden und fünf sowjetische Zwangsarbeiter erschossen.[43]

Die erste Gruppe, die im Lager Liebenau ankam, bestand aus etwa 1700 Personen. Sie wurde von der Polizei dem Lager übergeben und bereits am nächsten Tag von der Gestapo abgeholt. Unmittelbar danach traf ein zweiter Transport mit rund 1000 vollkommen erschöpften Juden ein. Ungefähr 200 von ihnen erkrankten schwer, in den meisten Fällen an Flecktyphus. Sie wurden gesondert von den übrigen Zwangsarbeitern in mehreren Baracken, die zuvor Kriegsgefangene bewohnt hatten, in der Nähe der Mur untergebracht. Nach der Entlausung wurden die marschfähigen Juden aus dem „Typhuslager" entlassen; die Schwerkranken blieben zunächst in diesem gesonderten Lagertrakt zurück.[44]

Am Nachmittag des 2. April 1945 traf eine Gruppe von 100 bis 150 marschunfähigen ungarischen Juden aus dem Lager Liebenau in der SS-Kaserne Wetzelsdorf (heute Belgierkaserne) ein. Sie wurden bei Einbruch der Dunkelheit entkleidet und im Ostteil der Kaserne erschossen und verscharrt. Für die Ermordungen gab es zahlreiche Augen- und Ohrenzeugen. Ende April/Anfang Mai wurden die Leichen exhumiert und in einem Massengrab am Feliferhof beigesetzt.[45]

Jene Gruppe, die über Güssing, Bierbaum, Nestelbach, Sinabelkirchen und Gleisdorf nach Graz marschiert war, verblieb zwei Tage in Liebenau. Die letzte Strecke vor Graz hatte sie der Grazer „Volkssturm" begleitet. „Those who were unable to continue the march

Ungarische Juden während des Todesmarsches in Hieflau am 8. oder 9. April 1945. Das Foto wurde im Geheimen von einer Dachluke aus aufgenommen. (Quelle: Walter Dal-Asen)

further were segregated in Graz. Their fate is uncertain", heißt es lapidar in den Akten des Eisenerzer Prozesses. In Graz erhielten sie auch die erste Verpflegung seit sieben Tagen. Die weitere Route führte sie – anscheinend ab dem 4. April – von Graz über Bruck an der Mur, Leoben, Präbichl, Eisenerz, Hieflau Richtung Mauthausen. Etwa 200 bis 250 von ihnen wurden am 7. April Opfer des Präbichl-Massakers bei Eisenerz.[46]

Ein Transport von ungefähr 1000 Juden[47] verließ vermutlich am 7. April[48] das Lager und marschierte von Graz über das Gaberl ins Murtal, danach über den Tauern nach Trieben und von dort weiter Richtung Mauthausen. Auf dem Weg Gaberl – Trieben – Liezen eskortierten sie etwa 20 Fohnsdorfer „Volkssturmmänner". Die jüdischen Zwangsarbeiter wurden in Gruppen zu je 100 Personen aufgespalten und von je zwei „Volkssturmmännern" bewacht. Fünf der „Volkssturmmänner" wurden gemeinsam mit einem Gendarmeriebeamten vom Britischen Oberen Militärgericht in der Woche nach dem Liebenauer Prozess im September 1947 wegen Mordes bzw. Mordauftrags angeklagt, drei zum Tod durch den Strang verurteilt. „Der Judentodesmarsch über Gaberl und Tauern" bzw. „‚Himmelfahrtskommando' Gaberl – Trieben" betitelte „Das Steirerblatt" entsprechende Berichte.[49] Bereits bei der Übernahme des Transports soll der Befehl ausgegeben worden sein, kranke und nicht marschfähige Juden zu erschießen und sofort für eine eigene Beerdigungsabteilung zu sorgen.[50]

Abbildungen auf den beiden folgenden Seiten: Einvernahme von Alois Frühwirt, der im April 1945 als Lagerführer tätig war. (Quelle: PRO, FO 1020/2077)

Insgesamt sollen mindestens 5000[51] bis 6000[52] ungarische Juden über Graz Richtung Mauthausen marschiert sein, darunter etwa 60 Frauen.[53] Der letzte Transport ungarischer Juden verließ das Lager Liebenau am 26. oder 28. April 1945 Richtung Frohnleiten und weiter nach Eisenerz. Sechs Gestapo-Männer, acht „Volkssturmmänner", die in Gratwein abgelöst wurden, und sechs ukrainische SS-Männer eskortierten diese Kolonne ab Graz.[54]

Exekutionen vor Kriegsende

Das Lager Liebenau stellte eine weitere Station der Todesmärsche dar: Auch hier wurden ungarische Juden erschossen, die wegen Krankheit und/oder Erschöpfung zusammengebrochen waren und den Weitermarsch Richtung Mauthausen nicht mehr schafften.[55] Wie die im Mai 1947 im Auftrag der britischen Besatzungsmacht durchgeführten Exhumierungen und die anschließende Obduktion zeigen sollten, wiesen 34 von insgesamt 53 exhumierten Leichen tödliche Schusswunden auf.[56]

Der damalige Lagerführer Alois Frühwirt betonte bei seiner Einvernahme im April 1947, einige der Erschießungen seien in der Nähe des Typhuslagers an der Mur erfolgt: „An einem Morgen wurde ich durch Schüsse geweckt; ich wollte wissen, um was es sich handelt, ich begab mich in die Nähe des Typhuslagers und sah dort in der Nähe des Typhuslagers die soeben erschossenen Juden entlang einer Grube, die sich dicht am Stacheldraht in der Nähe der Mur befand, liegen. Ich bemerkte auch, dass neben den erschossenen Juden drei Männer stehen, die mit Maschinenpistolen bewaffnet waren und Gestapokleider trugen. […] Ich ging dann auf Befehl Pichlers zur Begräbnisstätte

Investigation Branch,　　　　　　　　In der Burg, Graz.
Legal Division,　　　　　　　　　　　　28. April 1947.
H.Q. Civil Affairs,
Land Steiermark.

NIEDERSCHRIFT.

aufgenommen mit FRÜHWIRT Alois, geboren in Graz, am 19. September, 1914, Mechaniker, verheiratet, römisch Katholisch, wohnhaft Graz, Moserhofgasse 24. Derzeit in Untersuchungshaft im Bezirksgericht, Graz, der aussagt:-

　　　　Ich, Obgenannter, bin darüber belehrt worden, dass ich nicht gezwungen bin eine Aussage zu machen, dass aber meine Aussage schriftlich aufgenommen und als Beweismaterial angeführt werden kann.

　　　　　　　　　　　Sgd. FRÜHWIRT Alois.

　　　　Nach meiner Entlassung aus der Wehrmacht im Jahre 1944, bin ich auf Befehl des PICHLER Nikolaus im April 1945 dem Lager Liebenau zugeteilt worden. PICHLER Nikolaus hatte dieses Lager unter sich, sowie auch alle übrigen Lager. PICHLER gab mir verschiedene Befehle, unter anderem die Lager-vorräte in Liebenau sicherzustellen und auch die Zentralverwaltung des Lagers zu übernehmen, da der frühere Lagerführer durchgegangen war. Diese mir von PICHLER zugewiesenen Arbeiten übernahm ich mit Widerwillen. Als ich das Lager übernahm, befanden sich in demselben ausländische Arbeitskräfte, die in Rüstungsbetrieben arbeiteten. Das Lager war in einem bedauerlichen Zustand, es war kein Wasser und kein Licht vorhanden.

　　　　Kurz nachdem ich die oberwähnten Arbeitszuweisungen auf Befehl PICHLERS übernahm, dies war ungefähr um Ostern, in April 1945, begannen im Lager Liebenau Judentransporte anzukommen. Die erste Gruppe, die das Lager erreichte bestand aus ungefähr 1700 Juden, sie wurde von der Polizei dem Lager übergeben und wurden dann am nächsten Tage von der Gestapo abgeholt. Unmittelbar kam ein zweiter Transport an von ungefähr 1000 Juden. Sie waren in einem sehr schlechten Zustand und schienen von ihrer langen Reise heruntergekommen. Von diesem zweiten Transport erkrankten ungefähr 200 Juden und wie es bald darauf von Dr. STUDENIK und Oberstadtphysikus Dr. PESSEL H. handelte es sich meistens um Flecktyphusfälle. Diese Erkrankten wurden gesondert von den Ausländern in verschiedenen Baracken, die sich in der Nähe des Murflusses befanden untergebracht. Dann wurde auf Antrag Dr. PESSELS die Entlausung durchgeführt und auch für Lagerverpflegung gesorgt. Schliesslich wurden die marschfähigen Juden aus dem Typhuslager entlassen und die Schwerkranken blieben im gesonderten Lager zurück. Ich kenne die Anzahl dieser schwerkranken Fälle nicht. An einem Morgen wurde ich durch Schüsse geweckt und wollte wissen um was es sich handelt ich begab mich in die Nähe des Typhuslager und sah dort in der Nähe des Typhuslagers die soeben erschossenen Juden entlang einer Grube, die sich dicht am Stacheldraht in der Nähe der Mur befand, liegen. Ich bemerkte auch dass neben den erschossenen Juden drei Männer stehen, die mit Maschinenpistolen bewaffnet waren und Gestapokleidung trugen.

　　　　Ich begab mich auf das hin in die Kanzlei des PICHLER und machte die folgende Meldung an ihn: "Herr Parteigenosse PICHLER was soll mit den Leuten, die die Gestapo erschossen hat geschehen?" und PICHLER antwortete "Die sollen besser mit Erde zugedeckt werden, übrigens wäre dies nicht unsere Sache sondern jene des Gestapo." Hier möchte ich nun bemerken, dass ich PICHLER vor dieser Erschiessung frug, was mit den kranken Juden zu geschehen. hat. PICHLER telephonierte dann in meiner Anwesenheit an die Gestapo ich konnte aber das Resultat dieser Unterredung nicht entnehmen. Ich ging dann auf Befehl PICHLERS zur Begräbnisstätte zurück und sorgte dafür, dass durch Lagerinssen das Grab besser zugedeckt werde.

Ich möchte nun aussagen, dass PICHLER Nikolaus bei einer Besprechung in der Kreiswaltung in meiner Gegenwart und in jener anderer Lagerführer sich wie folgt ausgedrückt hat:- "Meine Befehle haben strikte zu befolgt werden, es ist mir einerlei ob ich jetzt oder später gehenkt werde. Wer meine Befehle nicht befolgt, dem ergeht es gerade so wie dem EDER der erschossen worden ist.

Auch kann ich mich nun erinnern, dass bei einer anderen Besprechung in der Kreiswaltung PICHLER erklärte, die Juden zu erschiessen.

Es war zur Zeit eines des letzten Fliegeralarms während welchens alle Ausländer und die Juden das Lager verliessen. Nach dem Fliegeralarm kam ein Ausländer zu mir und meldete, dass bei ihm ein Einbruchdiebstahl verübt wurde. Und zwar war ein Koffer und ein Anzug abhanden gekommen. Der Ausländer sah diesen Mann, konnte ihn aber nicht ergreifen hat ihn aber dann eruiert und ihn mir vorgeführt. Der Täter gehörte dem Transport an, der aus 1700 Juden bestand. Er sprach nur ungarisch und nahm ihn einstweilen fest. PICHLER der darauf in das Lager kam, meldete ich den Vorfall. Er zog einen ungarischen Offizier zu Rate, der dann dolmetschte. Der Jude wurde dann befragt, ob er wirklich die Sachen gestohlen hätte, und er bejahte es, weil er glaubte, dass alles vom Lager geflüchtet war. Dann gab PICHLER mir den Befehl den Mann zu erschiessen PICHLER stand während des Befehls mit gezogener Pistole neben mir und diesem Druck führte ich diesen Befehl aus und erschoss den Juden. Ich kann mich über Einzelheiten nicht mehr besinnen weil ich nach der Tat ganz ausser Fassung war. Ich weiss nur dass ich einen Schuss auf den Kopf des Juden abfeuerte. Als ich den Toten verliess, war ich blass wie eine Leiche.

Ich habe Gelegenheit gehabt, die vorstehenden Aussagen durchzulesen und Verbesserungen vorzunehmen. Ich habe alles richtig verstanden und meine Aussagen entsprechen der Wahrheit.

                                                         Vor mir durchgelesen und für richtig befunden:

                                                            Sgd. FRÜHWIRT Alois.

Aufgenommen vom Unterfertigten, in Anwesenheit des Herrn. C. Gray, S.O.I.

                Sgd. E. Valentin.
                   Interpreter.

zurück und sorgte dafür, dass durch Lagerinsassen das Grab besser zugedeckt wurde."[57]

Zuvor hatte die ehemalige Lagerköchin Anna Birnstingl angeblich bemerkt, dass eines der Opfer in der Grube, die nur mit einer dünnen Erdschichte bedeckt war, noch lebte: Sie hatte gesehen, wie sich eine Hand bewegte, die aus der Erde herausragte, betonte die „Neue Zeit".[58]

Ähnliches gab auch der ehemalige Werkschutzmann Josef Thorbauer bei seinem Verhör zu Protokoll. 2000 bis 3000 Juden seien im April 1945 im Lager eingetroffen, die sich in einem „kläglichen Zustand" befunden hätten. „Eines Abends, es war schon ganz finster, bekam ich den Auftrag, am ‚Ausgang des unteren Posten', so wurde er unter uns genannt, Absperrungsdienst zu halten, weil dort angeblich kranke Juden erschossen werden."[59] Thorbauers Aufgabe bestand nach eigenen Angaben darin, die „Ordnung aufrechtzuerhalten und zu sehen, dass nichts gestohlen wird". Sein Wachzimmer hatte sich „direkt am Tor des Liebenauer Lagers, welches in die Kasernstraße mündet", befunden.[60]

Die tradierten Zeugenaussagen liefern unterschiedliche Hinweise auf die Opferzahlen. Beispielsweise sagte Susanne Geiger, die in der Lagerverwaltung gearbeitet hatte, aus, sie sei mit Frühwirt und zwei anderen Männern zum Murufer gegangen, „um zu sehen, ob die 60 Juden, die in einer Sandgrube lagen, ahnten, dass sie erschossen werden sollten".[61] Frühwirt hatte angeblich zu den Juden gesagt, dass ihnen nichts geschehe, sondern dass nur ihre Baracken entlaust werden würden. „Die Zeugin sah, wie die Juden erschossen wurden, wozu sie in eine Grube steigen mussten. Einer stieg wieder heraus und flehte um Gnade. Frühwirt stieß ihn zurück und erschoss ihn", gab die „Neue Zeit" die Zeugenaussage wieder.[62]

„Heil Hitler! Befehl ausgeführt": Erschießung von Plünderern

Bei der Gerichtsverhandlung im September 1947 kam die brutale, menschenverachtende Behandlung der ungarischen Zwangsarbeiter im Lager Liebenau mehrfach zur Sprache. Augenzeuge dieser Vorfälle war auch Stephan Cermaschka, damals als Fremdarbeiter ein Lagerinsasse.[63] So erschoss offensichtlich der Lagerführer Alois Frühwirt im Auftrag seines Vorgesetzten, des DAF-Funktionärs und Lagerleiters Nikolaus Pichler[64], einen ungarischen Juden, der während eines Luftalarms in der Lagerumgebung geplündert hatte.[65]

Dazu die „Neue Zeit": „Pichler schrie: ‚Wo sind die Juden, die Decken gestohlen haben?' Vier Mann wurden daraufhin vor Pichler aufgestellt, der sie fragte, ob sie Decken gestohlen hätten. Alle bejahten, der letzte nickte nur mit dem Kopf. Pichler gab Frühwirt den Befehl, diesen Juden zu erschießen. Frühwirt stellte den Häftling mit dem Gesicht zur Wand. Pichler schrie: ‚Schieß ihm doch ins Gesicht!' Frühwirt drehte den Häftling um, setzte ihm die Pistole an die Stirne und zog ab. Daraufhin drehte er sich um, hob die Hand zum deutschen Gruß und schnarrte: ‚Heil Hitler! Befehl ausgeführt!' Die übrigen drei mussten zurückgehen und berichten, dass jeder, der stehle, erschossen würde."[66]

Dieser Vorfall war bereits bei Frühwirts Einvernahme am 28. April 1947 vor der britischen „Investigation Branch, Legal Devision" in der Grazer Burg zur Sprache gekommen: „Pichler stand während des Befehls mit gezogener Pistole neben mir und [unter] diesem Druck führte ich diesen Befehl aus und erschoss den Juden. Ich kann mich über Einzelheiten nicht mehr besinnen, weil ich nach der Tat ganz außer Fassung war. Ich weiß nur, dass ich einen Schuss auf den Kopf des Juden abfeuerte. Als ich den Toten verließ, war ich blass wie eine Leiche."[67] Frühwirt gestand schließlich, mehrere Juden selbst erschossen zu haben.[68]

„Für diese Schweine haben wir keine Medikamente": Verweigerte medizinische Versorgung

Der bei der Gerichtsverhandlung als Zeuge einvernommene ehemalige Krankenwärter Hans Fugger gab zudem an, dass genügend Medikamente für die Kranken vorhanden gewesen seien. Pichler habe allerdings ihre Ausgabe mit den Worten verweigert: „Für diese Schweine haben wir keine Medikamente."[69]

Außerdem habe er dem Krankenwärter befohlen, für die Kranken Morphiumspritzen bereitzuhalten: „Man werde die Juden nicht länger füttern."[70] Fugger teilte darauf dem Lagerarzt Dr. Müller mit, es seien „Todesspritzen" vorbereitet worden. Er machte zudem seiner vorgesetzten Behörde, dem Gesundheitsamt, eine diesbezügliche Anzeige.[71] Als Fugger die Vergiftung verweigerte, soll Pichler am nächsten Tag mit den Worten „Jetzt geht der Spaß los"[72] 46 kranke Juden in Decken legen und zu einem in der Nähe gelegenen Luftschutzkeller tragen lassen haben. Kurz darauf waren Schüsse aus der Richtung des Luftschutzkellers zu vernehmen gewesen.[73] Der

Werkschutz stellte anscheinend die Mordkommandos, welche die erschöpften ungarischen Juden in mehreren Aktionen erschossen.[74]

„Erbärmliche Verpflegung": Wassersuppe und eine Scheibe Brot

Mehrere Zeugen berichteten außerdem von der „erbärmlichen Verpflegung" für die ungarischen Juden, die aus einem Topf Wassersuppe und einer Scheibe Brot bestand.[75] Laut der Lagerköchin Anna Birnstingl seien jedoch ausreichend Lebensmittel im Magazin vorhanden gewesen. Sie habe allerdings auf Frühwirts Anweisung lediglich „Material für eine Mittags-Wassersuppe und pro Mann 20 Dekagramm Brot ausgefolgt" bekommen.[76]

Ähnliches sagte auch der damalige Küchenleiter Karl Linsbichler beim Gerichtsprozess aus: Frühwirt habe angeordnet, „den Juden nur einmal im Tag einen ‚Kaffee' und kein Brot auszugeben, obwohl Lebensmittel, besonders Kaffee, in genügendem Ausmaße zugeführt wurden. Von Frühwirt mehrmals wegen seiner Ausländerfreundlichkeit zur Rede gestellt, wurde der Zeuge auch von ihm bedroht: ‚Die Humanität muss aufhören, sonst kommen Sie entweder an die Mauer oder ins KZ – Sie können wählen!'"[77]

Investigation Branch,
Legal Division,
Head Quarters Civil Affairs,
Land Steiermark.   Graz, 25th July, 1947.

Statement of Nikolaus PICHLER, born 4th March, 1929, at Friesach, Carinthia, commercial assistant, married, of no religious denomination, who states:

I, the above-mentioned, have been given to understand that I am not compelled to make a statement but that my statement will be taken down in writing and may be given in evidence.

Sgd. PICHLER Nikolaus.

From 1942 until 8th May, 1945, I was in charge of the labour control of the D.A.F. and while performing these duties I supervised all camps of the district Graz, inclusive of Steinfeld and Liebenau. I was taking care of the camps and was responsible for the accomplishment of these functions.

During my activity I inspected and visited all camps comprising Liebenau and Steinfeld.

One day, in April, 1945, FRUEHWIRT reported to me the arrival of a Jewish convoy at the Liebenau camp. Still on the same day I went to Liebenau and when I arrived there I observed these Jews sitting or standing in a meadow not far from the camp kitchen. According to my estimation there must have been several hundred. Jews. They were poorly dressed and apparently very tired. I then went to the barrack of the lagerführer, where I met Alois FRUHWIRT who mentioned to me that the Jews had arrived and that 20 or 30 Jews were incapable to continue the march owing to ill-health and from exhaustion. For this reason, FRUHWIRT, as he told me, had arranged for these to be housed in two barracks which were previously occupied by prisoners of war. Here I would wish to remark that FRUHWIRT let the Jews enter the camp on his own initiative. I then returned to the H.Q. of the D.A.F. and personally informed the Kreisobmann FLADISCHER of the fact that there were sick Jews amongst those who had arrived at Liebenau. I referred the matter also to the Health Department and to WOLF who was entrusted with the labour control of the Land Steiermark. In the meantime I had been to Liebenau two or three times but when I saw that nothing had been done with regard to the sick Jews I referred the matter to the Chief of the Gau WEISSENSTEINER. WEISSENSTEINER then informed me over the telephone that he had contacted the Gestapo on the subject. Shortly afterwards, I, JEITNER and WOLFGRUBER were told to go to Liebenau and on our way fetched the Commissioner of the Gestapo FARNLEITNER. Accordingly we all four went to Liebenau and on arrival there I noticed that 2 Jews who had been housed in the barracks allotted to the sick Jews, had already died. As it was rumoured, there were such Jews amongst the sick who were suspected of typhoid. The commissioner FARNLEITNER then gave orders for the removal of the most serious cases from the barracks, which was immediately carried out by FRUHWIRT and a few Volkssturm men. There were 6 or 8 who were most seriously ill and as I noticed two had already died. FARNLEITNER and another Gestapo man who formed part of the Jewish convoy had a look at these Jews and then ordered for the return of them to the barrack. At this inspection were also present JEITNER, WOLFGRUBER FRUHWIRT and I. FARNLEITNER then issued instructions but I refuse to make any further statement in respect of this occurrence until I have been confronted with those men who have come with me to Liebenau camp.

I only would wish to remark that I have arranged for a physician who belonged to the transport to attend to the sick which action was approved of by the district leader FLADISCHER, as at that time no doctor was at the camp.

On the/

Nikolaus Pichler betonte bei seiner Einvernahme am 25. Juli 1947 den erbärmlichen Zustand der ungarischen Juden, die eine Zwischenstation auf ihrem Todesmarsch im Lager Liebenau einlegten. (Quelle: PRO, FO 1020/2077)

-2-

On the occasion of one of my visits to the Steinfeld camp, in April 1945, the chief camp leader PERTASSEK reported to me the fact than an Eastworker had sabotaged the electric equipment of the Steinfeld camp. I inspected the damage and he (PERTASSEK) showed me the culprit who had been locked up in a cell. Therefore I had all interpreters of the Steinfeld camp assembled to whom I pointed out the damage to the electrical switchboard and I declared to these men that by order of the Gauleiter UIBERREITTER acts of sabotage stands the sentence of death. I requested the interpreters to exercise their good influence upon their people to avoid a recurrence of such incidents. Then I ordered PERTASSEK for the transfer of the culprit who was an Eastworker, to the Gestapo. Shortly afterwards I left and went to the ambulance room of Dr. KAHR. I remained with Dr. KAHR 15 or 30 minutes and then we heard one shot. We ran outside and inquired of a foreigner where the shot came from and he pointed into the direction of the churchyard wall. We ran there and in the cemetery we saw the chief camp leader PERTASSEK and the deputy camp leader PAMMER. PAMMER was just about to remove the boots from the shot man. Dr. KAHR turned the Eastworker round and examined him where he was hit. I reprimanded PERTASSEK whereupon PERTASSEK declared that he knew his business as he himself was a collaborator of the Gestapo.

I returned to the office of the D.A.F. and reported the occurrence to the district leader FLADISCHER whom I also informed that PERTASSEK had given the order for the execution.

The next day a meeting was held of the Lagerführers (camp leaders) on which occasion FLADISCHER drew the attention of all present to the fact that all independent actions were forbidden and only orders of the D.A.F. had to be carried out. To this I would wish to add that members of the SD and the Gestapo were continuously present at all camps in particular the leader of external affairs MIRTL. His collaborators at the Steinfeld camp were the deputy camp leader PAMMER, HOLD sen. and HOLD jun. and Dr. KAHR.

I have been given opportunity to read through the above statement and to correct it. I have everything correctly understood and my statement corresponds to the truth.

Sgd. PICHLER Nikolaus.

Taken by the undersigned
in the presence of C.Gray S.O.I.
Sgd. E. Valentin.

Exhumierungen und Beisetzung auf dem Israelitischen Friedhof Graz

Bereits im Oktober 1945 wurde das Kommando der Polizei Graz über ein Massengrab im ehemaligen Lager informiert: „Paul Schwetz, Werkzeugdreher, Alte Triesterstraße 15 wohnh., erstattete am Polizeiposten 5 die Anzeige, dass vor dem Einmarsch der Roten Armee, im Lager Liebenau zirka 120 ungarische Juden von Pfeilkreuzlern erschossen und gleich im dortigen Splittergraben verscharrt worden seien."[78] Offensichtlich ging man dieser Anzeige jedoch – zumindest vorerst – nicht weiter nach. Obwohl die Polizei von den Morden Kenntnis hatte, sollte es beinahe zwei Jahre dauern, bis diese Vorfälle an die Öffentlichkeit drangen.[79]

Im Mai 1947 erfolgten schließlich Exhumierungen auf dem Areal des ehemaligen Lagers Liebenau, wobei man ursprünglich von etwa 150 getöteten Zwangsarbeitern ausging. Den Auftakt zu einer ganzen Reihe von Zeitungsartikeln zu den Leichenfunden machte „Die Wahrheit": „Am zweiten Festtag der Befreiung, am 8. Mai, wurde im Lager Liebenau ein Massengrab entdeckt. Man nimmt an, dass im Lager in den letzten Tagen des Krieges 150 Zwangsarbeiter erschossen und begraben wurden. Bis jetzt konnten drei Leichen exhumiert werden."[80]

Einige Leichen wurden, wie nur drei Tage später berichtet, aus einer Schottergrube ausgegraben. Einen Hinweis gab es zudem auf „unerträglichen Leichengeruch", der vor Kriegsende „aus den Bombentrichtern am Nordrande des Lagers (es handelt sich hierbei nicht um die Schottergrube, aus der kürzlich Leichen ausgegraben wurden)" entströmt sei.[81] Mitte Mai 1947 wurden im Westteil des Lagers vier und kurz darauf fünf Leichen exhumiert. Am 28. Mai stieß man in einem anderen Teil des Lagers auf weitere 30 Leichen. Zu diesem Zeitpunkt waren die Ausgrabungen noch nicht abgeschlossen.[82] Bis zum 29. Mai wurden insgesamt 46 Leichen gefunden.[83]

Massengrab im Lager Liebenau aufgefunden

Auf dem linken Murufer, gegenüber den Puchwerken, steht eine mit Stacheldraht umgebene Barackensiedlung: das Lager Liebenau. Das Lager ist ein Produkt des nazistischen Krieges, es wurde errichtet, als der Strom der Barbaren sich über Europa ergoß und deren gepanzerte Horden Millionen Menschen vernichteten, Warschau und Belgrad und hunderte sowjetische Städte verbrannten und Millionen freiheitsliebender Menschen in die Sklaverei der deutschen Rüstungsindustrien trieben.

Am zweiten Festtag der Befreiung, am 8. Mai, wurde im Lager Liebenau ein Massengrab entdeckt. Man nimmt an, daß im Lager in den letzten Tagen des Krieges 150 Zwangsarbeiter erschossen und begraben wurden. Bis jetzt konnten drei Leichen exhumiert werden. Für die Grabungen sind 20 Häftlinge der Karlau und des Landesgerichtes eingesetzt.

Ein „Wahrheit"-Reporter besichtigte gestern im Lager Liebenau die Grabstelle. Der Kopf eines Ermordeten, Knochen und ein Schuh, lagen zerstreut herum.

Bewohner der näheren Umgebung beschrieben Szenen, die sich täglich in dem Todeslager abspielten. Ein Volkssturmmann äußerte sich gegenüber der Gutsbesitzerin H.: „Wir haben nichts zu essen für diese Schweine, wir müssen sie umlegen." Frau H. erzählt, daß besonders ein ungefähr 40 Jahre alter Mann, der immer einen Prügel bei sich trug, durch beispiellose Brutalität auffiel. In den Umbruchstagen traf auch ein großer Transport Juden ein. Eine Frau L. gibt an, ihr Mann habe Gespräche, die im Lager geführt wurden, gehört, aus denen zu entnehmen war, daß bis Kriegsende zirka 150 Ausländer erschossen worden sein sollen.

Wie wir aus inoffizieller Quelle erfahren, soll der Großteil der seinerzeitigen Kommandanten des Lagers inhaftiert worden sein. Der Kommission, die die Erhebungen im Lager durchführen, gehören englische und österreichische Polizeioffiziere und Baurat Oswald an.

Unverständlich ist es, warum die Erhebungen und die Aussagen der Zeugen, die von diesen Morden wußten, so spät erfolgten. Wir werden über das Ergebnis der weiteren Untersuchung berichten.

(„Wahrheit"-Reporter)

Mit dem Artikel „Massengrab im Lager Liebenau aufgefunden" machte „Die Wahrheit" den Auftakt zu einer Reihe von Artikeln über die Exhumierungen im Mai 1947. (Quelle: Die Wahrheit, 14.5.1947)

Die Gesamtzahl der Exhumierungen belief sich bis Ende Mai 1947 auf 53 Leichen, 34 von ihnen wiesen tödliche Schusswunden auf.[84] Die Exhumierungen und Untersuchungen erfolgten unter Leitung der britischen Besatzungsmacht[85], wobei eine aus britischen und österreichischen Polizeioffizieren sowie Baurat Oswald bestehende Kommission die Erhebungen vor Ort leitete. Für die Grabungen selbst setzte man 20 Häftlinge der Strafanstalt Karlau und des Grazer Landesgerichts ein.[86]

Im Zuge des Liebenauer Prozesses im September 1947 erwähnte der Vorsitzende der Gerichtsverhandlung, Sir Douglas Young, gemäß eines zeitgenössischen Medienberichts, „dass die Zahl der Liebenauer Todesopfer weit höher als 53 sei; es liegen dort noch viele unter der Erde".[87] Dieses in der Zeitung „Das Steirerblatt" angeführte Zitat ist der – bislang – einzige nennenswerte Hinweis darauf, dass im Mai 1947 nicht alle Opfer im Auftrag der britischen Besatzungsmacht exhumiert worden seien.

Univ.-Doz. Dr. Max Fossel vom Institut für gerichtliche Medizin der Universität Graz führte die Obduktion der 53 Todesopfer im Zeitraum vom 29. Mai bis zum 28. Juni 1947 durch. Sie waren sofort nach der Exhumierung in insgesamt 51 durchnummerierte Särge gelegt worden. Im Sarg Nr. 51 befanden sich drei Säuglinge im Alter von zwei bis fünf Monaten, deren Todesursache nicht geklärt werden

„Ob Recht, ob Unrecht, ich habe nie geprüft"

Der Liebenauer Mordprozeß — Pichler erweitert sein Geständnis

In der Militärgerichtsverhandlung gegen die Judenmörder von Liebenau wurde gestern zunächst Dozent Dr. Fossel über die Obduktionsergebnisse einvernommen. Drei der enterdigten 53 Personen waren minderjährig. Bei 15 Leichen war die Todesursache wegen vorgeschrittener Verwesung nicht mehr feststellbar, ebensowenig bei allen Toten, ob sie zur Zeit der Ermordung krank waren. Nur in vier Fällen war Agnoszierung möglich, in 13 weiteren Fällen zeigten vorgefundene Gebetbücher u. dgl., daß es sich um Juden handelte. Einer wurde durch Kopfhiebe oder durch Bombeneinwirkung getötet, 32 Leichen hatten Kopf-, zwei Halsschüsse, sieben Leichen wiesen je zwei, zwei je drei Schußverletzungen auf. 26 Verletzungen waren Genick-, die übrigen Gesichts- oder sonstige Kopfschüsse, in drei Fällen wurde mit angesetzter Waffe oder aus nächster Nähe geschossen. Ob alle 53 auf einmal getötet wurden, war nicht festzustellen.

Auf Antrag der Verteidigung wurde nun Pichler unter Eid als Zeuge vernommen. Er erweiterte sein bisheriges Geständnis und erklärte zynisch, im Vorverfahren zum Großteil geleugnet zu haben und erst jetzt die Wahrheit zu sagen, weil er entdeckt habe, daß seine jetzt nicht auf der Anklagebank sitzenden Vorgesetzten, insbesondere der DAF-Gauobmann Weißsteiner, alle Verantwortung auf ihn abwälzen wollten. Er bezeichnete die Einzelheiten der belastenden Zeugenaussagen als Erfindung und behauptete sogar, die Wiedergabe dieser Aussagen in den Zeitungen sei Lüge. Einen Juden, der geständigermaßen während eines Luftalarms in der Lagerumgebung geplündert habe, habe er von Frühwirt gemäß einem generellen Befehl erschießen lassen. Die Judentransporte hätten eigentlich nur vor dem Lager rasten und verköstigt werden sollen, aber Frühwirt habe ihnen wegen der vielen Kranken zwei Baracken eingeräumt. Die mitgekommenen Ärzte hätten im Lager alle notwendigen Medikamente erhalten; das Gesundheitsamt habe gar nichts unternommen, ebenso nicht seine vorgesetzten Dienststellen, als er von dem Zustand der Juden und von durch SD und Pfeilkreuzler vorgenommene Erschießungen Meldung erstattete. Man habe ihm nur den Gestapokommissar Farnleitner mitgegeben, der die Erschießung von sechs Sterbenden anordnete. Pichler will damals den Sanitäter gefragt haben, ob er Mittel habe, um die Sterbenden „einzuschläfern" und so vor dem Erschossenwerden zu bewahren, was er für richtig befunden habe. Als der Sanitäter dies verweigerte, habe er Farnleitners Schießbefehl an Frühwirt weitergegeben und dieser habe drei, ein gewisser Wolfgruber und ein gewisser Jeitner je einen erschossen. Als er von dem Morden seinem Vorgesetzten, Weißensteiner, der jetzt hier in Haft sei, Meldung erstattete, habe dieser die Morde gebilligt. Einige Tage später habe ihm Frühwirt mitgeteilt, ein Gestapobeamter, namens Herz, sei mit deutschen Häftlingen ins Lager gekommen und habe diese und die restlichen kranken Juden erschießen lassen.

Staatsanwalt: Haben Sie geprüft, ob die von Ihnen angeblich weitergegebenen Befehle Recht oder Unrecht beinhalten? — Angeklagter: Ich habe das nie geprüft, ich habe immer meine Pflicht getan. Eigentlich war die Erschießung für die kranken Juden eine Gnade. — Staatsanwalt: Warum haben Sie den Mordbefehl nicht selbst ausgeführt, sondern an Frühwirt weitergegeben? — Angeklagter: Er war ja mein Lagerführer.

Pichler will, weil lange Jahre Angestellter eines Judengeschäftes, niemals Judenfeind gewesen sein.

Bei Vernehmung der folgenden Zeugen, der DAF-Funktionäre Jeitner und Wolfgruber, die sich entschieden dagegen verwahrten, auf Juden geschossen zu haben, erwähnte der Vorsitzende, daß die Zahl der Liebenauer Todesopfer weit höher als 53 sei; es liegen dort noch heute viele unter der Erde.

„Es liegen dort noch viele unter der Erde." Bei der Gerichtsverhandlung vor einem Oberen Britischen Militärgericht im September 1947 betonte der Vorsitzende, Sir Douglas Young, „dass die Zahl der Liebenauer Todesopfer weit höher als 53 sei". (Quelle: StLA, DSZ, Das Steirerblatt, 11.9.1947)

konnte. Die übrigen 50 Leichen waren alle männlich und in Zivilkleidung. Dabei handelte es sich um mindestens 17 ungarische Juden und einen sowjetischen Zwangsarbeiter. Die Identität der übrigen Opfer konnte nicht geklärt werden.[88]

Opfer	Anzahl
Identifizierte Leichen (ungarische Juden)	4
Namentlich nicht identifizierte ungarische Juden	13
„Ostarbeiter"	1
Nicht identifizierte Leichen	35[89]
Gesamt	**53** (50 Erwachsene, 3 Säuglinge)

Tab. 1: Ergebnis der Obduktion der im Lager Liebenau im Mai 1947 exhumierten Leichen. (Quelle: PRO, FO 1020/2077)

Lediglich vier ungarische Juden konnte man durch Dokumente, die bei den Leichen gefunden wurden, namentlich identifizieren. In 13 Fällen ließen verschiedene Gegenstände wie Gebetbücher darauf schließen, dass es sich um ungarische Juden handelte. Ein Opfer wurde als „Ostarbeiter" ausgewiesen; die übrigen 35 blieben unbekannt.[90]

Sargnummer	Identifizierter Name
Nr. 1	Imre Klein, geboren am 16.?.1923, Sohn von Jene Klein und Sara Polacek
Nr. 10	Jozsef Grosz, geboren am 19.3.1896 in Nagyvored
Nr. 19	Alex Kovac, Sohn von Adolf Kohn
Nr. 26	Abdulaew Sadula, geboren am 26.9.1917

Tab. 2: Namentlich identifizierte Leichen im Lager Liebenau. (Quelle: PRO, FO 1020/2077)

Zu jedem der Opfer legte Fossel einen eigenen Leichenöffnungsbericht an, der Angaben zur Todesursache, zum Alter, zur Größe und zu besonderen Merkmalen enthielt. Zur „Leiche Nr. 43" hielt er etwa fest: „An der Brust der Leiche befindet sich eine Tätowierung in der Größe von etwa 15 zu 15 cm, darstellend einen schwalbenähnlichen Vogel, der mit ausgebreiteten Flügeln nach abwärts stößt." Besonders detailliert beschrieb er zudem die Schussverletzung: „Am Schädel der Leiche finden sich noch Reste von 4 cm langen, schwarz-braunen Haaren. Am Schädel ist eine Schussverletzung nachweisbar. Der Einschuss liegt in der Höhe des Hinterhauptshöckers 4 cm links von der Mittellinie entfernt. Die Einschusslücke ist kreisrund, öffnet sich trichterförmig nach innen und entspricht einem Geschosskaliber von 6,35 mm. Der Ausschuss liegt im Bereich der rechten Augenhöhle, sodass also der Schuss in horizontaler Richtung von links rückwärts nach rechts vorne den Schädel durchsetzte."[91]

Die Obduktion dieser 53 Leichen ergab folgendes Resultat: 34 der Ermordeten wiesen tödliche Schussverletzungen auf, wobei 26 durch Genickschuss getötet worden waren. Von ihnen mussten acht bereits auf dem Boden gelegen sein. Dazu der Bericht von Fossel: „In 26 cases the shot was fired from behind, known as shots in the neck. On 8 bodies, judging by the direction the bullet took, it is possible that the men were shot from above, while lying in the grave."[92] In mehreren Fällen wird betont, dass die Schüsse aus unmittelbarer Nähe abgegeben wurden. Zusätzlich kam eine Person (Leiche Nr. 49) durch Kopfhiebe ums Leben. Bei den übrigen 18 Opfern blieb die Todesursache ungeklärt[93], davon in 13 Fällen wegen fortgeschrittener Verwesung.[94]

Anzahl der Todesopfer	Todesursache
Schädelverletzungen durch stumpfen Gegenstand	1
1 Schuss	25
2 Schüsse	7
3 Schüsse	2
Ungeklärte Todesursache	15
Ungeklärte Todesursache der Säuglinge	3
Gesamt	53

Tab. 3: Todesursachen der im Lager Liebenau exhumierten Leichen. (Quelle: PRO, FO 1020/2077)

Der Obduktionsbericht verweist zudem auf den geringen Verwesungsstatus der Leichen, der auf den lockeren und sandigen Boden der Gräber zurückzuführen war: „The state in which the bodies were found confirms the assumption that approximately two years have elapsed since their burial. It is remarkable that the soft parts of the corpses mumified to a large degree and consequently well preserved due probably to the loose and sandy condition in the soil."[95]

```
Institut für gerichtliche Medizin der Universität Graz.
```

Ordnungszahl: 145/47	**Leichenöffnungsbericht** aufgenommen am 4.6.1947		Ordnungszahl: 145/47
Tagebuch-Nr. 493/47	~~Umbekanntxmxxxxxxxx~~ Britische Krim.Pol. ~~xxxxxxxxx~~ Investigation Branch	Geschäftszahl:	
§	St. G.	Beschuldigter:	

Vorname   Familienname der Leiche:

    Unbekannte, männliche Leiche Nr. 43 aus Liebenau

Beruf: unbekannt.	Diagnose:
Alter: 20-25 Jahre Jahre: Geburtsdatum:	Kopfschuss.
Wohnort:	

Gestorben (tot aufgefunden) am Ende Mai 1947

Sterbeort (Fundort): Lager Liebenau

Schriftführer: Ackerl	Obduzent: Doz.Dr.M.Fossel.

Vorgeschichte:

Anatomische Diagnose: Exhumierung 2 Jahre nach dem Tode.
                           Kopfschuss, links am Hinterhaupt.
                           Geschosskaliber 6,35 mm.
                           Ausschuss an der rechten Augenbrauenhöhe.
                           Tetovierung "Schwalbe" an der Brust.

Todesursache: Kopfschuss.

J. Khil, Graz.

Leichenöffnungsbericht der „Leiche Nr. 43" aus dem Lager Liebenau, den das Institut für gerichtliche Medizin im Juni 1947 im Auftrag der britischen Besatzungsmacht erstellte. (Quelle: AdIfGM)

L.O.145/47

Leiche Nr. 43.

1. Im Sarg Nr. 43 findet sich eine bekleidete, männliche Leiche.
2. Die Leiche trägt männliche Zivilkleidung u.zw. a) einen grauen Gummimantel, b) einen dunkelgrünen Anzug aus Rock und langer Hose. In den Taschen finden sich 2 Taschentücher, jedoch ohne Marke. In den einen Taschentuch eingewickelt findet sich eine Armbanduhr. c) einen schmutzig hellbraunen Pullover mit rotem Muster, d) ein hellweinrotes Touristenhemd, e) eine weisse Leinenunterhose.
3. An der Brust der Leiche findet sich eine Tetowierung in der Grösse von etwa 15 zu 15 cm, darstellend einen schwalbenähnlichen Vogel der mit ausgebreiteten Flügeln nach abwärts stösst.
4. Am Schädel der Leiche finden sich noch Reste von 4 cm langen, schwarzbraunen Haaren. Am Schädel ist eine Schussverletzung nachweisbar. Der Einschuss liegt in der Höhe des Hinterhauptshöckers 4 cm links von der Mittellinie entfernt. Die Einschusslücke ist kreisrund, öffnet sich trichterförmig nach innen und entspricht einem Geschosskaliber von 6,35 mm.
Der Ausschuss liegt im Bereich der rechten Augenhöhle, sodass also der Schuss in horizontaler Richtung von links rückwärts nach rechts vorne den Schädel durchsetzte.
5. Das Gebiss ist gut erhalten und zeigt nur gerade eben erkennbare Abschleifungen. Die 5.und 6. am Unter- und Oberkiefer sind bds. cariös-
6. Am Längsschnitt durch den Oberarmkopf ist noch eine gut knorpelige Wachstumslinie erkennbar, sodass das Alter auf etwa 20 bis 25 Jahre anzusetzen ist.

Am 14. Juli 1947 legte Univ.-Doz. Dr. Max Fossel vom Institut für gerichtliche Medizin der Universität Graz der britischen Besatzungsmacht seinen Bericht über die Exhumierungen im Lager Graz-Liebenau vor. (Quelle: PRO, FO 1020/2077)

Institute of Forensic Medicine
University Graz,
Graz, Universitätsplatz 4/11.   TRANSLATION.

General Report.

on the exhumations carried out during the period
from May 29th until June 28th 1947 at Liebenau Camp.

The undersigned medical expert has within the above period examined 53 corpses which were placed into coffins immediately after the exhumation. These coffins were numbered consecutively, that is from No. to No.51, for the purpose of identifying the body mentioned individually in the Autopsy report.

The coffin No.51 contained 3 infants of 2 to 5 months of age. The cause of death could not be ascertained.

The remaining corpses were all males, dressed in civilian clothes. The cause of death could still be ascertained on 35 bodies, whereas on 15 bodies it could not be found out of what the men had died.

On the 35 bodies in question the causes of death are classified as follows:-

On body No.49 injury to the cranium caused by a blunt instrument.
On 25 bodies 1 shot
" 7   "   2 shots and on
  2   "   3 shots.

In 26 cases the shot was fired from behind, known as shots in the neck.

On 8 bodies, judging by the direction the bullet took, it is possible that the men were shot from above, while lying in the grave.

In the majority of cases the nature of the injuries rendered it possible to define the calibre of the projectiles:

```
Body No.43 ............................calibre 6.35 mm
"    Nos. 2,6,7,9,12,13,14,15,16,17,18,
          24,30,31,32,34,35,41,44        "       7.65 mm
"    No. 28 and 42 .................    "       8 mm
"    No. 26, 36 and 45 .............    "       9 mm
```

In 9 cases the nature of the entry hole of the bullet excluded the estimation of the calibre, this refers to body No. 4,21,23,25,27,29, 38,39 and 40.

On body No.16 three gunshot wounds (shots in the neck) could be ascertained. Two holes were made by a bullet of 6.35 mm and one hole was caused by a projectile of 7.65 mm.

In all other cases, exhibiting more than one gunshot wound, the entry holes were caused by bullets of the same calibre.

The bodies specified below exhibited gunshot wounds or other marks of particular interest:

Body No.9. Powder marks were visible around the entry hole of the bullet pointing to the fact that the shot was fired at close range (shot in the neck).

Body No.13. On this body the bullet made its way, fired from behind, through the top of the cranium, at an oblique angle and came to a dead stop in the cavity. Splinters of the steel case of a bullet fired from a pistol of 7.65. mm calibre, were detected.

Body No.15. Around the entry hole of the bullet in the neck copious powder marks were visible. Therefore it must be taken for granted that the bullet was fired at close range.

-2-

Body No.18. A flat circular plate cut out from the bone was found at the gunshot wound in the neck, which proves that the bullet was fired at point blank range.

Body No.24. On this body two shots in the neck were ascertained. One bullet completely smashed the skull, the other came to a dead stop under the skin of the face where it was found. It was a steel case projectile of 7.65. mm.

Body No.43. The skin on the chest exhibited a tattoo pattern representing a bird (apparently a swallow) with outstretched wings swooping in a downward direction. Size of pattern 15 by 15 cm.

In 13 cases the various articles found on the bodies prove that these were Hungarian Jews.

Body No.26. This must have been an East worker.
Bodies No.4, 6, 14 and 23. The garments of these bodies were marked with initials.

Four bodies could be identified by documents found on them, viz:

Body No.1. Identified as Imre KLEIN, born 16.?.1923, son of Jeno KLEINC and Sara Polacek.
Body No.17. Identified as Jozsef GROSZ, born 19.3.1896. at Nagyvorad. This document was issued at Budapest on 22.5.1943.
Body No.19. Identified as Alex KOVAC, the son of Adolf KOHN.
Body No.26. Identified as Abdulaew SADULA, born 26.9.1917.

As already previously mentioned all the 50 adults were males. The age of each person as indicated in documents or estimated by the condition of the body is mentioned in the respective autopsy report. Also the length of the corpses.

The state in which the bodies were found confirms the assumption that approximately two years have elapsed since their burial. It is remarkable that the soft parts of the corpses are mumified to a large degree and consequently well preserved due probably to the loose and sandy condition of the soil.

SUMMARY.

Total number of human bodies 53
                Adults 50, infants 3.
Identified bodies ....4 Cause of death not established.
Hungarian Jews. 13   Adults 15
Eastworker..1................... 1   Infants 3.
Not identified...................36

Injuries caused by a blunt instrument 1
Gunshot wound ....34, gunshot wounds in the head......32
                   "   "   " neck.   2

Corpses exhibiting 1 gunshot wound 25
   "   "   2   "   " 7
   "   "   3   "   " 2   Total 34.

Shot fired from behind .... 26 (shots in the neck)
  "   "   " other directions .... 8 Total 34.

Calibre of weapons used: 6.35 mm. 1,7,65,19, 8 mm 2, 9 mm 3
Weapons of unknown calibre ....9 TOTAL. 34

                          Dozent Dr. Max Fossel,
                          Institute of Forensic Medicine of the
                          University,
                          Graz, Universitätsplatz 4/11.
Graz, 14th July, 1947.
                          Sgd. Dr.M.Fossel.

Im Juni 1947 wurden 46 aus dem ehemaligen Lager Liebenau exhumierte Leichen auf dem Israelitischen Friedhof in Graz beigesetzt. 17 von ihnen konnten eindeutig als ungarische Juden identifiziert werden. (Foto: Stelzl-Marx)

Am 6. Juni 1947 erfolgte die Beisetzung von 46 in Liebenau exhumierten ungarischen Juden auf dem Israelitischen Friedhof in Graz.[96] Insgesamt wurden hier von 1946 bis 1966 die sterblichen Überreste von 135 ungarischen Juden beerdigt. Sie waren aus Weiz, Graz-Liebenau, Weinzöttl, Gratkorn, Leoben, Niederschöckl, Übelbach, Salla bei Köflach und Jennersdorf überführt worden.[97] In der Nähe ihrer Gräber erinnern heute zwei Gedenksteine mit identen Inschriften an die Opfer der Evakuierungsmärsche: „Zur ewigen Erinnerung an die hier ruhenden unbekannten ungarischen jüdischen Opfer aus den Verfolgungsjahren 1938–1945." Die in Liebenau exhumierten Leichen wurden beim größeren der beiden Mahnmale bestattet.[98]

Der Liebenauer Prozess

Bereits am 8. September 1947, rund vier Monate nach den Exhumierungen in Liebenau, begann der Prozess gegen vier Mitglieder des einstigen Lagerpersonals. Den Prozess führte der britische „General Military Court" (Oberes Militärgericht der britischen Besatzungsmacht) unter Vorsitz von Sir Douglas Young im großen Schwurgerichtssaal des Grazer Straflandesgerichtes in der Conrad-von-Hötzendorf-Straße 41 durch. Als Staatsanwalt fungierte Dr. P. Rawlins aus London. Die Anklagen lauteten auf Mord nach § 134 des österreichischen Strafgesetzbuches sowie auf Verbrechen gegen die Menschlichkeit nach dem österreichischen Kriegsverbrechergesetz[99] vom 26. Juni 1945 (StGBl. Nr. 32).[100] Da es sich um österreichische Täter handelte, die ihre Verbrechen auf österreichischem Gebiet begangen hatten, kam in den Prozessen österreichisches Strafrecht zur Anwendung. Prinzipiell konnten die Militärgerichte ihre Urteile aber auch nach britischem Recht fällen. Die Abwicklung der Verfahren selbst blieb weitgehend britisch. Der „General Court" beschäftige sich insbesondere mit den Volksgerichtsverfahren ab 1946.[101]

Neben dem „großen Liebenauer Prozess"[102] fanden noch weitere Prozesse wegen Verbrechen an ungarischen Juden statt, die im Zuge der Evakuierungsmärsche zu Kriegsende 1945 begangen worden waren. Diese Verfahren handelten in der ab dem 23./24. Juli 1945 von den Briten besetzten Steiermark entweder Gerichte der britischen Militärregierung, Volksgerichte oder Schwurgerichte ab.[103]

In der Mehrzahl der von März 1946 bis Mai 1948 vor Oberen Britischen Militärgerichten geführten Prozesse lautete die Anklage – wie auch im Liebenauer Fall – auf Mord von ungarisch-jüdischen Zwangsarbeitern während der Todesmärsche durch Gebiete der späteren britischen Besatzungsmacht. Insgesamt hielten britische Militärgerichte in der Steiermark 14 Prozesse wegen Morden an ungarischen Juden ab. Dabei fielen ihre Urteile im Vergleich zu jenen der österreichischen Volksgerichte hart aus: Es wurden 30 Todesurteile gefällt, von denen 24 vollstreckt, sechs in Gefängnisstrafen von zehn oder 15 Jahren umgewandelt wurden. Die Volksgerichte sprachen hingegen insgesamt 43 Todesurteile aus, wovon 30 vollstreckt wurden.[104] Generell verhängten britische Militärgerichte in Österreich 53 Mal die Todesstrafe, in elf Fällen wurde diese Höchststrafe in lebenslänglichen Kerker umgewandelt.[105]

Die Briten erhofften sich durch diese rigorose Bestrafung von NS-Gewaltverbrechen eine Stärkung des durch die nationalsozialistische Herrschaft getrübten demokratischen Rechtsempfindens in der österreichischen Bevölkerung. Dieser erzieherische Erfolg blieb jedoch, wie Lord Schuster selbstkritisch bemerkte, nicht zuletzt aufgrund des fehlenden Interesses in der Öffentlichkeit weitgehend aus.[106]

Der Liebenauer Prozess stieß allerdings zunächst auf großes Interesse: In den steirischen Zeitungen wie dem „Steirerblatt" (ÖVP) oder der „Neuen Zeit" (SPÖ) finden sich zu jedem der fünf Gerichtstage größere Artikel. Auch in den überregionalen Medien, allen voran in der „Wahrheit" (KPÖ), erfolgte eine detaillierte Berichterstattung.[107] Zudem wohnten zahlreiche Schaulustige dem Prozess bei. So standen etwa am dritten Verhandlungstag viele Zuhörer bis in den Flur vor dem Gerichtssaal des Grazer Straflandesgerichts, die keinen Einlass mehr in den voll besetzten Saal gefunden hatten. Bei der Eingangstür wurde im Gedränge sogar eine Fensterscheibe zertrümmert.[108] Am

Liebenauer Prozess vor dem Oberen Britischen Militärgericht in Graz im September 1947: Blick in den Gerichtssaal. (Quelle: StBTA, KB 22696)

Der Liebenauer=Prozeß

Lange vor Beginn des vierten Verhandlungstages im Liebenauer Mordprozeß war der große Schwurgerichtssaal überfüllt. Viele Zuhörer konnten nicht mehr eingelassen werden. Das Verhör des Angeklagten Frühwirt wurde fortgesetzt. Er belastete wieder den Zeugen Wolfgruber schwer. „Ich habe ‚nur'

Die drei Angeklagten des Liebenauer Prozesses. Bild oben: Alois Frühwirt, unten: links Josef Thorbauer; rechts Nikolaus Pichler

vier Juden erschossen" sagte der Angeklagte, „aber Sie, Herr Wolfgruber", dabei zeigte Frühwirt auf den Zeugen, „möchte ich fragen, was mit dem Bündel geschah, das Sie einem Juden wegnahmen?" Anschließend schilderte Frühwirt, daß ihm angeblich der jüdische Arzt des Lagers, Dozent Dr. Rubany, nach dem Zusammenbruch des Hitlerregimes für sein „verständnisvolles Entgegenkommen" gegenüber den Juden dankte. Als der Verteidiger des Thorbauer, Dr. Spranger, Frühwirt fragte, ob er außer den bisher bekannten Erschießungen von weiteren wisse, erklärte der Angeklagte, daß auch Thorbauer sowie Leute des SD, der Gestapo, ein gewisser Holt junior, sowie die im Lager befindlichen ungarischen Pfeilkreuzler Juden erschossen hätten.

Thorbauers Verteidiger stellte den Antrag, seinen Klienten auf seinen Geisteszustand zu untersuchen. Thorbauer leide seit seiner Geburt an einer luetischen Erkrankung und sei im Jahre 1918 im Irrenhaus gewesen. Während der Einvernahme des Angeklagten Thorbauer stellte sich jedoch heraus, daß er sich einerseits zu verstellen versuchte, andererseits aber auf keine Falle des Staatsanwaltes hineinfiel, vollkommen zurechnungsfähig und für die von ihm begangenen Taten voll zur Verantwortung zu ziehen ist. Auf alle Beschuldigungen durch Zeugen antwortete Thorbauer: „Das ist eine Lüge ‚oder' Meineid."

Der ehemalige Werkschutzmann Johann Lorber, dem 20 Mann unterstanden und der Vorgesetzter des Angeklagten Thorbauer war, behauptet, daß eine Verordnung bestanden habe, wonach Waffengebrauch nur über Auftrag höherer Dienststellen gemacht werden durfte.

Anschließend hielt der Anklagevertreter, Mr. Rawlins sein Plädoyer, in dem er ausführte, daß die Beweise gegen die Angeklagten vollständig ausreichten, um einen Schuldspruch im Sinne der Anklage zu fällen. Der Angeklagte Pichler habe die Ausgabe von Mordbefehlen zugegeben. Aus den nicht angefochtenen Aussagen der Zeugen Fugger und Birnstingl könne man sich ein Bild von den Zuständen im Lager Liebenau machen. Der Angeklagte Thorbauer sei von drei Zeugen als äußerst brutaler Mensch geschildert worden und habe sich gegenüber mehreren Personen seiner Morde gebrüstet. Auch der Zeuge Kerscha bezichtigte Thorbauer des Mordes an einem Juden. „Frühwirt", so fuhr Mr. Rawlins fort „gab einen Mord zu. Die Ausrede auf Furcht vor den Vorgesetzten kann nicht gelten. Es war ein beabsichtigter Mord."

Der Verteidiger des Pichler, Dr. Aichholzer, kam auf die damaligen Umstände zu sprechen und bat, von der Verhängung der höchsten Strafe über Pichler abzusehen. Dr. Knafl plädierte gleichfalls für die Anwendung aller Milderungsgründe bei Frühwirt. Der Anwalt des Angeklagten Thorbauer, Dr. Spranger, verlangte einen Freispruch, da seinem Klienten ein Mord einwandfrei nicht nachgewiesen werden könnte. Außerdem sei Thorbauer nicht zurechnungsfähig. Die Verhandlung wurde auf heute 10 Uhr vertagt.

Nikolaus Pichler, Alois Frühwirt und Josef Thorbauer waren die drei Hauptangeklagten im Liebenauer Prozess, den der „General Military Court" vom 8. bis zum 12. September 1947 im Grazer Straflandesgericht durchführte. (Quelle: Die Wahrheit, 12.9.1947)

Tag der Urteilsverkündung stellten sich die ersten Besucher bereits ab 7 Uhr früh vor den Toren des Grazer Straflandesgerichtes an. Als der Schwurgerichtssaal schließlich um 9.45 Uhr geöffnet wurde, hatte sich eine 60 Meter lange Menschenschlange in Dreierreihen angesammelt.[109]

Angeklagt waren der ehemalige Lagerleiter Nikolaus Pichler, sein unmittelbarer Untergebener, der Lagerführer Alois Frühwirt, weiters Franz Eder, Frühwirts Vorgänger als Lagerführer, sowie der Lagerpolizist Josef Thorbauer wegen der Misshandlung und Tötung ungarischer Juden und ausländischer Zwangsarbeiter im Liebenauer Lager.[110] Gleichzeitig wurde Josef Pammer der Prozess gemacht, der im Auftrag von Nikolaus Pichler im Lager Steinfeld in Graz einen „Ostarbeiter" zu Ostern 1945 erschossen haben soll.[111]

Als die Exhumierungen im Mai 1947 erfolgten, befanden sich die Hauptverdächtigen bereits in Haft. Die Strafverfolgung von Frühwirt und Pichler hatte spätestens im Februar 1946 begonnen. Im Zusammenhang mit dem Eisenerzer Prozess war folgende Information zum Lager Liebenau zutage getreten: „A certain amount of information is now coming in from my investigators at Graz. It appears that the Jews were concentrated at Liebenau camp, Graz. There are allegations of some murders being committed there, including a complete case against [...] Frühwirt (sent under separate cover). Pichler who ordered this particular murder is also accused of ordering the execution of a Russian slave-worker (also sent under separate cover)."[112] Überliefert sind einige jener Einvernahmen, die ab Mitte April 1947 in der Grazer Burg durch die „Investigation Branch, Legal Division" der britischen Besatzungsmacht erfolgten.[113]

Am ersten Prozesstag wurden zunächst ausschließlich die Vorfälle im Lager Liebenau verhandelt. Zu den Angeklagten und den jeweiligen Vorwürfen schrieb etwa „Das Steirerblatt": „Der kaufmännische Angestellte Nikolaus Pichler aus Bruck, Kommandant aller steirischen Fremdarbeiterlager, wegen eines Mordes an einem Unbekannten, wegen zweier von ihm gegebenen Mordbefehle und nach § 4 des Kriegsverbrechergesetzes in vier Fällen (den Tod verursachende menschenunwürdige Behandlung und Verweigerung von Medikamenten und Arzthilfe an Kranke); [...] der dortige Lagerführer Alois Frühwirt aus Graz (Mord und Kriegsverbrechergesetz in zwei Fällen), der Vorgänger Frühwirts in Liebenau, der Arbeiter Franz Eder aus Graz (Mord, versuchter Mord in je einem Fall, Kriegsverbrechergesetz in zwei Fäl-

Name des Angeklagten	Funktion im Lager	Urteil
Nikolaus Pichler, geb. am 4.3.1909 in Friesach	DAF-Funktionär und Lagerleiter im Lager Liebenau von 1942 bis zum 8.5.1945, Vorgesetzter von Alois Frühwirt	Todesurteil
Alois Frühwirt, geb. am 19.9.1914 in Graz	Lagerführer im Lager Liebenau ab Anfang April 1945 bis zum 8.5.1945	Todesurteil
Josef Thorbauer, geb. am 2.12.1894 in Klagenfurt	Werkschutzmann im Lager Liebenau vom Herbst 1942 bis Ende April 1945	3 Jahre Haft
Franz Eder[114], geb. am 2.11.1909 in Graz	Lagerführer im Lager Liebenau von Jänner 1944 bis zum 1.4.1945, Vorgänger von Alois Frühwirt	Freispruch
Josef Pammer, geb. am 9.2.1899 in Graz	„Volkssturmmann" der Wache im Lager Steinfeld ab März 1945	26 Monate Haft; wegen Vorhaftzeit auf freien Fuß gesetzt

Tab. 4: Urteile im Liebenauer bzw. Steinfelder Prozess im September 1947. (Quelle: PRO, FO 1020/2077)

len), und der Hilfsarbeiter und Werkschutzmann Josef Thorbauer aus Liebenau (Mord in einem und Kriegsverbrechergesetz in zwei Fällen) mitbeschuldigt sind."[115] Bereits zu Beginn des Prozesses erklärte sich Pichler für schuldig, zu einem Mord den Auftrag gegeben zu haben; Frühwirt gestand, diesen Befehl zum Mord ausgeführt zu haben. Sonst erklärten sich alle Angeklagten für nicht schuldig.[116]

In einer mehr als einstündigen Anklagerede beschrieb der britische Staatsanwalt „Mr. Rawlins" die bereits bekannten Vorfälle im Lager Liebenau im April 1945. Er brachte dabei „geradezu unmenschliche Quälereien und menschenunwürdige Behandlung" zur Sprache.[117] „Bei Schilderung einiger besonders krasser Fälle erwähnte Mr. Rawlins, Pichler habe sich gerühmt, selbst ‚fünf Stück' erlegt zu haben. In einem bereitgestellten Grabe waren noch etwa 20 Juden lebend, die um Gnade baten, aber Frühwirt stieß sie in die Grube zurück. Pichler erpresste Juden Geständnisse über Deckendiebstähle, erschoss darauf einen, während Frühwirt auf Pichlers Befehl einen anderen ins Gesicht schoss."[118]

Rund 60 Zeugen waren geladen, darunter Univ.-Doz. Dr. Max Fossel, der die Obduktionen vorgenommen hatte, und der ehemalige Krankenwärter Hans Fugger. Letzterer belastete Pichler schwer, in-

> # „Heil Hitler, Mordbefehl ausgeführt!"
> ### Lebendig begraben — Zweiter Verhandlungstag im Liebenauer Judenmordprozeß
>
> Der zweite Verhandlungstag im Liebenauer Judenmordprozeß vor dem Obersten britischen Militärgerichtshof war mit weiterer Vernehmung von Zeugen des Staatsanwaltes ausgefüllt. Anna B i r n s t i n g l, damals Köchin im Liebenauer Lager, gab an, es seien genügend Lebensmittel im Magazin gewesen, doch bekam sie auf Frühwirts Weisung für die Juden nur Material für eine Mittags-Wassersuppe und pro Mann 20 Dekagramm Brot ausgefolgt. Die Zeugin belastete vor allem Pichler, der Frühwirt den Befehl gab, einen Juden zu erschießen, dann Frühwirt, der erklärte, eine Reihe von Juden würden wegen Flecktyphus erschossen, und den der Zeugin als besonders brutal bekannten Thorbauer, der sich rühmte, einen Juden erschossen und andere geschlagen und getreten zu haben. Die Zeugin war auch bei solchen Mißhandlungen zugegen. Am Tage nach der Ankunft des Transportes sah sie ein nur schwach mit Erde überdecktes Massengrab; ein Jude lebte noch und streckte den Arm empor. Wohl die meisten Erschießungen dürfte der Werkschutz vorgenommen haben, da Frühwirt erklärte, das Lagerpersonal leide an M u n i t i o n s m a n g e l. Weitestgehend entlastete die Zeugin den Angeklagten Eder, der damals überhaupt nicht mehr im Lager gewesen sei; dies wurde auch von einer späteren Zeugin erhärtet.
> Der damalige Küchenleiter Karl L i n s b i c h l e r erzählte von Frühwirts angeblich auf die Kreisleitung zurückgehender Anordnung, den Juden nur einmal im Tag einen „Kaffee" und kein Brot auszugeben, obwohl Lebensmittel, besonders Kartoffeln, in genügendem Ausmaße zugeführt wurden. Von Frühwirt mehrmals wegen seiner Ausländerfreundlichkeit zur Rede gestellt, wurde der Zeuge auch von ihm bedroht: „Die Humanität muß aufhören, sonst kommen Sie entweder an die Mauer oder ins KZ — Sie können wählen!"
> Stephan C e r m a s c h k a, damals als Fremdarbeiter Lagerinsasse, war Augenzeuge, wie Pichler in SA-Uniform, mit einer MPi. am Rücken, Juden, die sich aus einer unbelegten Baracke Decken geholt hatten, verhören ließ, und wie vor Frühwirt den Befehl gab, einen dieser Juden zu erschießen; als Frühwirt dies durch Genickschuß bewerkstelligen wollte, befahl Pichler, den Juden umzuwenden und in die Stirn zu schießen, was Frühwirt, nach anfänglichem Zögern mit „Feigling" bezeichnet, auch tat. Der Mörder trat dann mit erhobenem Arm vor Pichler und meldete: „H e i l H i t l e r, Befehl a u s g e f ü h r t!" Die übrigen Juden, Augenzeugen des Bluttat, wurden von Pichler „belehrt", jeden Dieb treffe das gleiche Geschick.
> Die Zeugin Susanne G e i g e r sah, wie einer der Juden, die in Frühwirts und eines Gestapomannes Gegenwart zu einem Bombentrichter zur Exekution getrieben wurden, um dort erschossen zu werden, um sein Leben bat. Als die Zeugin darauf zu Frühwirt sagte: „Wie

„Heil Hitler, Mordbefehl ausgeführt!" betitelte „Das Steirerblatt" den Bericht zum zweiten Verhandlungstag im Liebenauer Prozess. (Quelle: StLA, DSZ, Das Steirerblatt, 10.9.1947)

dem er auf dessen ausdrückliches Verbot verwies, den Juden dringend benötigte Medikamente auszuhändigen."[119] Pichler habe die Aussage mit den Worten verweigert: „Für diese Schweine haben wir keine Medikamente."[120] Fugger selbst habe sich geweigert, Morphium als „Todesspritzen" zu verabreichen, woraufhin „46 Kranke auf Pichlers Befehl in Decken gewickelt fortgetragen [wurden] und kurz darauf hörte der Zeuge zahlreiche Schüsse fallen".[121]

Am zweiten Verhandlungstag, dem 9. September 1947, führte der Staatsanwalt weitere Zeugenvernehmungen durch. Ein Augenzeuge berichtete, wie bereits erwähnt, dass „Pichler in SA-Uniform, mit einer MPi am Rücken" Frühwirt den Befehl gegeben habe, einen Juden zu erschießen: „Als Frühwirt dies durch Genickschuß bewerkstelligen wollte, befahl Pichler, den Juden umzuwenden und in die Stirn zu schießen, was Frühwirt, nach anfänglichem Zögern mit ‚Feigling' bezeichnet, auch tat. Der Mörder trat dann mit erhobenem Arm vor

„Bibelforscher" unter Mordanklage

Heute voraussichtlich Urteil im Liebenau-Prozeß — Bewegte Szenen im Gerichtssaal

Der große Liebenauer Prozeß geht seinem Ende zu. Heute Freitag werden wahrscheinlich die Urteile verkündet. Gestern standen bis hinaus auf den Flur Zuhörer, die jedoch vergeblich auf den Einlaß warteten, da der Gerichtssaal bereits voll besetzt war. Bei der Eingangstür wurde im Gedränge eine Fensterscheibe zertrümmert.

Der Angeklagte F r ü h w i r t, der nochmals als Zeuge einvernommen wurde, sagte aus, daß W o l f g r u b e r und J e i t n e r an den Erschießungen teilnahmen. Er gestand, selbst einen Plünderer und drei Schwerkranke erschossen zu haben. Hierauf bestritt er die Aussagen K e r s c h a s, der ihn aus Rache belasten wolle, weil er, Frühwirt, den Freund einer Russin, die Kerscha mit Anträgen verfolgt habe, nicht aus dem Lager entfernte. Er sah, wie Wolfgruber und Jeitner mit einer Maschinenpistole auf vor der Küche stehende Juden schossen. Auch der SD, die Gestapo und der Volkssturm haben im Lager Erschießungen durchgeführt. Von einer Tötung mit Morphium wisse er nichts.

Staatsanwalt: „Warum weigerten Sie sich nicht, die Erschießungsbefehle Pichlers auszuführen?"

Frühwirt: „Ich wäre entweder selbst erschossen worden oder ins KZ. gekommen!"

Staatsanwalt: „Ist es nicht besser, ins KZ. zu kommen, als an einer Massenhinrichtung teilzunehmen?"

Frühwirt: „Ich habe an keiner Massenhinrichtung teilgenommen!"

Im weiteren Verlauf des Prozesses stellte der Verteidiger des Angeklagten T h o r b a u e r, der gestern von Kerscha schwer belastet wurde, den Antrag, seinen Klienten ärztlich untersuchen zu lassen, da er nicht geistig vollwertig sei. Thorbauer leide seit 1937 an Epilepsie. Er war 1928 in einer Irrenheilanstalt. Weiters sei er erblich mit Lues belastet. Das Gericht stellte den Antrag zurück.

In pathetischen Worten bezeichnete Thorbauer, der sich seit 1920 mit der Erforschung der Bibel befaßt, in der Zeugenbank alle gegen ihn gerichteten Aussagen als Lügen und die Zeugen als Meineidige und ruft mit erhobenen Armen prophetisch aus: „Ich habe immer nach der Heiligen Schrift gelebt und werde immer nach ihr leben!" (Gelächter im Zuschauerraum. Der Vorsitzende droht mit der Räumung des Saales.)

Als letzter Zeuge sagt der Wachführer Johann L o r b e r aus, daß vom Abwehrbeauftragten Gerstner der Befehl gekommen war, nur in ganz besonderen Fällen von der Schußwaffe Gebrauch zu machen.

Der Staatsanwalt Mr. P. R a w l i n s trennt in seinem Plädoyer die Anklage in zwei Teile, erstens auf Mord und zweitens auf Verbrechen wider die Menschenwürde. Im ersten Punkt beantragt er für Frühwirt einen Schuldspruch, während es bei T h o r b a u e r und P i c h l e r dem Gericht überläßt, zu entscheiden, ob die Beweise für einen Schuldspruch ausreichen. Im zweiten Anklagepunkt beantragt er für alle drei Angeklagten einen Schuldspruch, wobei er sich in erster Linie auf die Aussagen der beiden Hauptzeugen Birnstingl und Kerscha beruft.

Als erster Verteidiger betont Dr. A i c h h o l z e r, daß die Vorgesetzten des Pichler alle Schuld auf ihn abzuwälzen versuchten und bemüht sich, die Anklage zu entkräften. Doktor K n a f f l, Verteidiger des Frühwirt, versucht den Klienten ebenfalls weitgehendst zu entlasten, wobei er vor allem auf die Mordbefehle verweist. Dr. Spranger stellt die Aussagen der Belastungszeugen als etwas phantastisch hin, verweist auf die geistige Minderwertigkeit des Angeklagten Thorbauer und ersucht zu Punkt 1 der Anklage um einen Freispruch, zu Punkt 2 um ein mildes Urteil. Die Urteilsverkündung dürfte voraussichtlich heute Freitag um 11 Uhr vormittags erfolgen. Die Verhandlung beginnt um 10 Uhr.

Aufnahmen: Richard Hausleitner.

Josef Thorbauer, ehemaliger Werkschutzmann im Lager Liebenau, rief durch seine Aussage, er habe „immer nach der Heiligen Schrift gelebt", Gelächter im Zuschauerraum hervor. (Quelle: StLA, DSZ, Neue Zeit, 12.9.1947)

Pichler und meldete: ‚Heil Hitler, Befehl ausgeführt!' Die übrigen Juden, Augenzeugen der Bluttat, wurden von Pichler ‚belehrt', jeden Dieb treffe das gleiche Geschick."[122]

Bei dieser Verhandlung wurde Franz Eder von der gegen ihn erhobenen Anklage freigesprochen und auf freien Fuß gesetzt. Mehrere Zeugen hatten ausgesagt, dass der ehemalige Lagerführer zum Zeitpunkt der Ankunft der Juden bereits aus dem Lager ausgeschieden war.[123] Sie bestätigten somit die Aussage, die er bei seiner Einvernahme am 27. Mai 1947 gemacht hatte: „Am 1. April 1945 entfernte ich mich ohne Erlaubnis aus dem Lager Liebenau. Nach 24 Stunden wurde ich verhaftet und wurde von Pichler, Srebre und der Staatspolizei dem Parkring überstellt. Ich verblieb dort 4 Tage, wurde dann wieder freigelassen, begab mich dann ins Lager Liebenau zurück und verließ das Lager um 8 Uhr früh am 8.4.1945. Ich weiß nichts von Judentransporten, die ins Lager Liebenau gebracht worden sind."[124] Eder durfte nach seinem Freispruch sofort den Gerichtssaal verlassen.[125]

Die folgenden beiden Verhandlungstage widmeten sich den drei verbliebenen Angeklagten. Ausgiebig ging man dabei auf Thorbauers Erkrankungen und seine Religionszugehörigkeit ein. Er leide seit 1937 an Epilepsie, sei mehrfach in „Irrenanstalten" gewesen und an Syphilis erkrankt, schrieb etwa die „Neue Zeit".[126] Auch die Erklärung des ehemaligen Lagerpolizisten, „als Bibelforscher und Adventist keinerlei Rassenhass zu hegen und mit dem Nationalsozialismus nie sympathisiert zu haben", erweckte Aufsehen.[127] Er bezeichnete alle gegen ihn gerichteten Aussagen als Lügen und die Zeugen als Meineidige und rief mit erhobenen Armen pathetisch aus: „Ich habe immer nach der Heiligen Schrift gelebt und werde immer nach ihr leben!" Aufgrund des Gelächters, das daraufhin im Zuschauerraum ausbrach, drohte der Vorsitzende mit der Räumung des Saales.[128]

Erheiterung lösten auch die Aussagen zur Verpflegung der ungarischen Juden im Lager aus. Auf die Frage des Staatsanwalts, ob Pichler gewusst habe, dass die Zwangsarbeiter wenig zu essen bekamen, antwortete der Angeklagte: „Es war nicht wenig, ich habe jetzt auch nicht mehr." Frühwirt betonte, dass es gleich nach der Ankunft des Transports Gulasch gegeben habe. Dies führte gleichfalls zu „Gelächter im Zuhörerraum".[129]

Pichler und Frühwirt gaben beide die Erschießungen von Juden zu, wobei Letzterer den Zeugen Wolfsgruber schwer belastete: „Vom Verteidiger über die Erschießung von kranken Juden befragt, gerät der Angeklagte in große Erregung und schreit plötzlich in den Zuhörerraum: ‚Dabei war auch ein Mann, der jetzt zu feige ist, seine Schuld einzugestehen und das ist – Wolfsgruber!'"[130] Pichler betonte mehrfach, lediglich seine Pflicht getan und Befehle seines Vorgesetzten, des DAF-Gauobmanns Anton Weißensteiner, ausgeführt zu haben. Dieser habe die Morde an den Kranken angeordnet.[131] Auf die Frage des Staatsanwalts, ob er auch unsinnige Befehle ausführen würde, antwortete Pichler: „Diese Befehle waren nicht unsinnig, es war eine Gnade für die kranken Juden, dass sie sterben konnten!"[132]

Beim abschließenden Plädoyer am vierten Verhandlungstag führte Dr. Rawlins aus, die Beweise würden gegen die Angeklagten vollständig ausreichen, um einen Schuldspruch im Sinne der Anklage zu

Am 11. September 1947, dem vierten Verhandlungstag, wurde die Vernehmung der Angeklagten fortgesetzt. Frühwirt gestand, im Auftrag Pichlers vier Juden erschossen zu haben. (Quelle: StLA, DSZ, Das Steirerblatt, 12.9.1947)

„Er wird stets nach der Schrift leben"
Frühwirt gesteht vier Morde ein — Thorbauer leugnet alles — Heute Urteil

In der Verhandlung über die Liebenauer Judenmorde wurde gestern die Vernehmung des Angeklagten F r ü h w i r t fortgesetzt. Er gab nun übereinstimmend mit Pichlers erweitertem Geständnis zu, in dessen Auftrag nicht nur einen jüdischen Plünderer, sondern auch drei kranke Juden erschossen zu haben; die Auswahl unter den zu erschießenden Kranken habe der jüdische Arzt Dr. Rubany getroffen. Frühwirt hielt auch gestern die am Vortage gegen Zeugen erhobenen Mordbeschuldigungen aufrecht und bezeichnete ihre Aussagen und die eines anderen, ihn eines weiteren Mordes bezichtigende, als Meineid. Pichler habe gegen einen Juden geschossen, doch wisse er nicht, ob der Schuß traf; ausführlich berichtete er über Erschießungen durch SD und Pfeilkreuzler, doch wisse er nichts davon, daß der Werkschutz, besonders Thorbauer, jemanden erschossen habe. — Staatsanwalt: Sie wußten von den geplanten Massenmorden und haben nicht protestiert! — Frühwirt: Was sollte ich kleiner Mann machen, ich wäre an die Wand gestellt oder ins KZ gekommen. — Staatsanwalt: Aber der Sanitätsgehilfe hat Mord verweigert. Ihm ist nichts geschehen!

Nun wurde der Angeklagte Thorbauer als Zeuge abgehört, der von seinem Verteidiger als erblich geistes- und lueskrank und als Epileptiker geschildert wurde. Der Vorsitzende erwähnt aber nach Thorbauers Aussage, diese weise keine Anzeichen von Geistesgestörtheit auf. Thorbauer erklärte, als Bibelforscher und Adventist keinerlei Rassenhaß zu hegen und mit dem Nationalsozialismus nie sympathisiert zu haben. Er sei als Werkschutzmann nur zum Streifen- und Ordnungsdienst eingesetzt gewesen, habe nichts als seine Pflicht getan, ohne Unterschied der Rasse mit den Lagerinsassen zwar streng, aber gut gewesen und habe mit den Juden im Lager überhaupt nichts zu tun gehabt. Der Zeuge Kerscha habe ihn aus Rache belastet, weil dieser eine Frau liebte, die von einem sehr anständigen Griechen unterstützt wurde und er, Thorbauer, sich geweigert habe, den Griechen aus dem Lager

Staatsanwalt Mr. Rawlins hält seinen Schlußvortrag. — Pichler, Frühwirt und Thorbauer vor den Schranken

59

fällen. „Der Angeklagte Pichler habe die Ausgabe von Mordbefehlen zugegeben. Aus den nicht angefochtenen Aussagen der Zeugen Fugger und Birnstingl könne man sich ein Bild von den Zuständen im Lager Liebenau machen. Der Angeklagte Thorbauer sei von drei Zeugen als äußerst brutaler Mensch geschildert worden und habe sich gegenüber mehreren Personen seiner Morde an Juden gebrüstet. [...] ‚Frühwirt', so fuhr Mr. Rawlins fort, ‚gab einen Mord zu. Die Ausrede auf Furcht vor den Vorgesetzten kann nicht gelten. Es war beabsichtigter Mord.'"[133]

Urteilsverkündung: Zwei Todesurteile, eine Haftstrafe

Am Freitag, dem 12. September 1947, erfolgte schließlich die Urteilsverkündung im Liebenauer Prozess. Der Vorsitzende verlas zunächst in englischer Sprache die Urteilsbegründung, die anschließend übersetzt wurde. Einstimmig beschloss das britische Militärgericht einen Schuldspruch nach § 4 des Kriegsverbrechergesetzes wegen Misshandlung ungarischer Juden, Entzugs ordnungsgemäßer Verpflegung und Verweigerung von Medikamenten an Kranke sowie – im Falle von Pichler und Frühwirt – wegen Mordes.[134]

Sir Douglas Young dankte einleitend vor allem dem Staatsanwalt und den Verteidigern für ihren Einsatz: „Es ist die Aufgabe des Gerichtshofes, [...] genau zu prüfen und ein gerechtes Urteil zu fällen. Es wurde dem Gericht leicht gemacht, Schuld von Nichtschuld zu unterscheiden, denn sowohl der Anklagevertreter sowie die Verteidiger haben in hervorragender Weise die ganzen Geschehnisse der Apriltage des Jahres 1945 vor den Augen des Gerichts abrollen lassen."[135] Danach führte er in seiner Urteilsbegründung aus: „Wir haben die Fülle des Beweismaterials genauestens überprüft. Die mit dem Transport angekommenen Juden waren total erschöpft. Ihnen wurde keine Nahrung verabreicht. Viele von ihnen waren schwer krank. Sie hatten Typhus. Pichler verweigerte die Ausgabe von Medikamenten an die Kranken. Er glaubte, diese Menschen am besten zu behandeln, indem er sie töten ließ. Da die für diese Tötung vorgesehene Menge an Morphium nicht vorhanden war, ließ er die Kranken erschießen. Der Gerichtshof musste daher die Anklage des Mordes bei Pichler als erwiesen annehmen. Dies umso mehr, als der Angeklagte selbst gestand, Mordbefehle erteilt zu haben."[136]

Im Falle Frühwirts betonte der Vorsitzende die Ermordung des Juden, der eine Decke aus einer Baracke genommen hatte und des-

Zwei Todesurteile im Liebenauer Prozeß
Dramatische Urteilsverkündung im Schwurgerichtssaal – Drei Jahre Gefängnis für Thorbauer

Bereits nach 7 Uhr früh stellten sich gestern die ersten Leute vor den Toren des Grazer Straflandesgerichtes an. Als um ½10 Uhr der Schwurgerichtssaal geöffnet wurde, hatte sich eine 60 Meter lange Menschenschlange in Dreierreihen angesammelt, die dem letzten Akt des Liebenauer Prozesses beiwohnen wollte. Langsam füllt sich der Schwurgerichtssaal. Es herrscht unterdrücktes Stimmengemurmel, so daß man unwillkürlich an einen Bienenschwarm erinnert wird. Meinungen werden ausgetauscht. „Glauben S', daß er aufgehängt wird?"... „I denk schon, denn er hat ja ein paar derschossen!" Um 10.07 Uhr betritt das Oberste britische Militärgericht den Saal. Es herrscht Totenstille.

Der Vorsitzende Sir Douglas Joung dankt allen Leuten, die an der Lösung des Problems mitgeholfen haben, vor allem Staatsanwalt Mr. P. Rawlins, und den Verteidigern. „Es ist die Aufgabe des Gerichtshofes", erklärt der Vorsitzende, „genau zu prüfen und ein gerechtes Urteil zu fällen. Es wurde dem Gericht leicht gemacht, Schuld von Nichtschuld zu unterscheiden, denn sowohl der Anklagevertreter sowie die Verteidiger haben in hervorragender Weise die ganzen Geschehnisse der Apriltage des Jahres 1945 vor den Augen des Gerichtes abrollen lassen". Nach den Schlußworten der Verteidiger erhebt sich der Staatsanwalt und berichtet, daß Thorbauer bereits zwölfmal vorbestraft sei, elfmal wegen Unehrlichkeit und einmal wegen Mißhandlung von Kindern.

Das Gericht zieht sich zu einer kurzen Pause zurück.

Um 10.45 Uhr wird, flankiert von britischen und österreichischen Polizisten, der Angeklagte Thorbauer hereingeführt. Der Vorsitzende verkündet das Urteil: „Der Gerichtshof hat es genauestens überlegt und mußte Thorbauer der Brutalität gegen Menschen für schuldig befinden. Er wird daher zu **drei Jahren Gefängnis** verurteilt."

Um 10.50 Uhr betritt **Pichler** den Saal. Er wurde des Mordes für schuldig befunden, da er sich, um der Mühe zu entgehen, der Juden auf bequeme Weise entledigen wollte. Er wurde daher zum Tode durch den Strang verurteilt.

Totenstill ist es im Saal geworden. Beinahe wagt niemand zu atmen. Bei der Verkündung des Urteils schien es, als zucke Pichler einen Moment mit den Augen. Er bewahrt jedoch Fassung, verneigt sich vor dem Gerichtshof, wendet dann sein Haupt dem Zuhörern zu und grüßt ein letztes Mal durch ein leichtes Senken desselben. Unter den Zuhörern ist unterdrücktes Schluchzen zu vernehmen.

Aber schon wird die Aufmerksamkeit auf den nächsten Angeklagten **Frühwirt** gelenkt, der nun hereingeführt wird. Auch dieser wurde des Mordes an vier Juden für schuldig befunden und zum Tode durch den Strang verurteilt.

Auch Frühwirt verläßt, zwar etwas bleich, aber in guter Haltung den Saal. In den Augen einiger Menschen stehen Tränen. Ja sogar Zeugen, die belastend für die beiden Angeklagten aussagten, konnten sich der Rührung nicht erwehren. Nur in den Gesichtern von zwei Zeugen ist eine gewisse Genugtuung darüber zu lesen, daß das Todesurteil verhängt wurde.

Beiden zum Tode verurteilten Angeklagten wird eine zehntägige Frist zur Einreichung des Gnadengesuches an den Oberkommandierenden der britischen Besatzungsmächte eingeräumt, jedoch verkündet der Vorsitzende, daß keine Hoffnung bestünde, daß dieses Gnadengesuch angenommen würde.

---

halb im Auftrag Pichlers von Frühwirt erschossen wurde: „Letzterer gibt den Mord unumwunden zu. Selbst wenn der Jude geplündert hätte, bliebe die Tat Pichlers und Frühwirts ein Mord, da kein Gerichtsverfahren gegen den angeblichen ‚Plünderer' eingeleitet wurde. Frühwirt gab ferner zu, vier Juden erschossen zu haben."[137] Pichler und Frühwirt wurden zum Tod durch den Strang verurteilt.[138]

Besonders pathetisch schildert die „Neue Zeit" die Stimmung im Gerichtssaal während der Urteilsverkündung. Durch die Betonung der heroischen Haltung von Pichler und Frühwirt, des Mitgefühls der Zuhörer und andererseits der „gewissen Genugtuung" zweier Zeugen

„Dramatische Urteilsverkündung" im Schwurgerichtssaal des Grazer Straflandesgerichts am Freitag, dem 12. September 1947: zwei Todesurteile und eine dreijährige Gefängnisstrafe. (Quelle: StLA, DSZ, Neue Zeit, 13.9.1947)

sollten beim Leser anscheinend Sympathien für die beiden zum Tod Verurteilten geweckt werden:[139]

„Totenstill ist es im Saal geworden. Beinahe wagt niemand zu atmen. Bei der Verkündung des Urteils schien es, als zucke Pichler einen Moment mit den Augen. Er bewahrt jedoch Fassung, verneigt sich vor dem Gerichtshof, wendet dann sein Haupt den Zuhörern zu und grüßt ein letztes Mal durch ein leichtes Senken desselben. Unter den Zuhörern ist unterdrücktes Schluchzen zu vernehmen.

Aber schon wird die Aufmerksamkeit auf den nächsten Angeklagten Frühwirt gelenkt, der nun hereingeführt wird. Auch dieser Mann wurde des Mordes an vier Juden für schuldig befunden und zum Tod durch den Strang verurteilt.

Auch Frühwirt verlässt, zwar etwas bleich, aber in guter Haltung den Saal. In den Augen einiger Menschen stehen Tränen. Ja sogar Zeugen, die belastend für die beiden Angeklagten aussagten, konnten sich der Rührung nicht erwehren. Nur in den Gesichtern von zwei Zeugen ist eine gewisse Genugtuung darüber zu lesen, dass das Todesurteil verhängt wurde."[140]

Im Falle des ehemaligen Lagerpolizisten Josef Thorbauer reichten die Indizien nicht aus, um ihn des Mordes zu überführen.[141] Er wurde nach dem Kriegsverbrechergesetz zu drei Jahren Gefängnis verurteilt:[142] „Thorbauer leidet an Syphilis und war schon einmal in einem Irrenhaus. Es ist also leicht möglich, dass er sich eines Mordes bezichtigte, den er nicht begangen hat. Der Gerichtshof hat daher Thorbauer von der Anklage des Mordes freigesprochen. In Punkt zwei der Anklage (Verletzung der Menschlichkeit und Menschenwürde) wurde der Angeklagte für schuldig befunden."[143]

Wegen der gegenüber Pichler gefällten Todesstrafe wurde im anschließenden Prozess zum Lager Steinfeld kein Strafantrag mehr gestellt. Der „General Military Court" sprach allerdings den ehemaligen „Volkssturmmann" der Wache Josef Pammer wegen Totschlags im Sinne des britischen Gesetzes schuldig und verurteilte ihn zu 26 Monaten Haft: Er hatte einen sowjetischen Zwangsarbeiter, der am Transformator des Lagers einen Sabotageakt vorgenommen hatte, im Auftrag Pichlers in der Nähe des Judenfriedhofes erschossen. Nach einer angeregten Diskussion zwischen dem Staatsanwalt und dem Vorsitzenden in englischer Sprache wurde er wegen seiner Vorhaftzeit auf freien Fuß gesetzt. Der Freispruch löste „Beifallsovationen unter den Zuhörern" aus.[144] Dazu „Die Wahrheit": „Es ist unverständlich, dass ein Menschenleben auch heute noch so wenig gilt, dass ein Angeklagter, der sich selbst des Mordes für schuldig erklärt, mit einer Strafe von 26 Monaten davonkommen kann."[145]

Der Frage nach der Verantwortung der Vorgesetzten für die Morde an ungarischen Juden, „die offensichtlich planmäßig waren, da sie [...] nicht nur in Liebenau, sondern auch in Wetzelsdorf verübt" worden waren, ging weder ein britisches noch ein österreichisches Gericht nach.[146]

Gnadengesuche und Hinrichtung

Beiden zum Tod Verurteilten wurde eine zehntägige Frist zur Einreichung von Gnadengesuchen an den Oberkommandierenden der britischen Besatzungsmacht in Österreich eingeräumt. Allerdings verkündete Sir Douglas Young bereits bei der Urteilsverkündung, dass wenig Aussicht auf Begnadigung bestehe.[147]

Tatsächlich beurteilte die Rechtsabteilung des Britischen Teils der Alliierten Kommission die Gnadengesuche wenig später abschlägig. In der Begründung dazu hieß es: „Pichler and Frühwirt both gave evidence on their defence. Pichler admitted giving orders to Frühwirt to shoot the Jew accused of looting, and also to giving the order to Frühwirt to shoot six others, three of whom were shot by Frühwirt, the rest by two other men. Frühwirt also in his evidence admitted shooting these four Jews." Abschließend wurde insbesondere auf die antisemitische Gesinnung der beiden Verurteilten verwiesen: „That evidence shows that both the accused regarded the Jews as vermin to be eradicated and even boasted of their exploits in ‚liquidating the swine'. Legally there is no defence at all and, in my opinion, the evidence proves conclusively that both men were brutal murderers actuated by hatred for the jews and not in any degree acting under superior orders which they dared not refuse to carry out. I recommend, therefore, that you confirm the death sentence in each case."[148]

Der britische Oberkommandierende kam der „Empfehlung" nach und bestätigte spätestens am 10. Oktober 1947 offiziell die Todesstrafe. Nach der Exekution sollte das „Formular Nr. 14" für jeden der Hingerichteten von drei zuständigen Offizieren unterzeichnet und an die Rechtsabteilung zurückgesendet werden.[149] Beide wurden anscheinend am 15. Oktober 1947 im Landesgericht für Strafsachen gehenkt[150]: Ihre Meldekarteien im Standesamt Graz weisen jeweils ein rotes Kreuz mit dem Eintrag „15.10.1947" als Sterbedatum auf.[151]

Begründung für die Bestätigung der Todesstrafe von Nikolaus Pichler und Alois Frühwirt durch den Direktor der Rechtsabteilung des Britischen Teils der Alliierten Kommission vom 3. Oktober 1947. (Quelle: PRO, FO 1020/2077)

ALLIED COMMISSION FOR AUSTRIA

(British Element)

REF: Leg/395/2

SUBJECT: Confirmation of Death Sentences in the cases of NIKOLAUS PICHLER and ALOIS FRÜHWIRT.

TO: The Commander in Chief.

1. In September 1947 a General Military Government Court consisting of Sir Douglas Young (former Chief Justice of the High Court at Lahore), Mr A. Hamilton (a retired Indian Judge) and Major R. P. Williams, tried five accused. Only two of the accused, PICHLER and FRÜHWIRT, were sentenced to death and you need not concern yourself with the cases of the other three men two of whom were acquitted and one of whom received a sentence of three years.

2. PICHLER was charged under the Austrian Criminal Code with one murder and also with offences under the Austrian War Crimes Law by causing the death of several persons unknown by subjecting them to physical violence and of others by refusing them medical treatment. FRÜHWIRT was charged with one murder of a person unknown and also with subjecting a number of persons unknown to physical violence thereby causing their death.

3. PICHLER pleaded guilty to one murder and not guilty to all the other charges. FRÜHWIRT pleaded guilty to the murder and not guilty to the other charges. Both the accused were found guilty on all the charges and were sentenced to death by hanging after a trial lasting five days.

4. All the charges arose out of incidents which occurred in April 1945 during a forced march of a large body of Hungarian Jews from Hungary to Mauthausen by way of Graz. The convoys of Jews halted on the march for the night at Liebenau near Graz and all the incidents occurred at the Liebenau Camp.

5. PICHLER was in charge of all Camps in Styria and FRÜHWIRT was the Camp Commandant at Liebenau and directly under PICHLER.

6. The first convoy of Jews arrived at Liebenau at the beginning of April, 1945, in a deplorable and exhausted condition. Some had typhoid and others were too exhausted to walk. All the sick Jews were put into one barracks and PICHLER told FRÜHWIRT that no medicine must be given to them and he also refused to allow a Jewish Doctor who was attached to the convoy to give them his medical stores. PICHLER also told another man to "finish off" the Jews with morphine. PICHLER soon afterwards had the most seriously ill Jews carried out of the hut and at his orders they were shot and buried in a mass grave. This was repeated at a later date.

7. There was direct evidence that one morning PICHLER himself shot a Jew in the Camp who was subsequently buried by his comrades and this evidence was corroborated to some extent by FRÜHWIRT. As regards the second murder by PICHLER'S orders it was admitted that a Jew was shot by his orders but the defence was set up that looting had been committed by the Jew during an air raid and that standing orders justified the shooting of looters. The Court did not believe this story which, on the face of it, is extremely unlikely because it is common ground that all the Jews were totally exhausted and quite incapable of going out looting. There is, indeed, direct evidence which was accepted by the Court that, in fact, all that the Jew had done was to take a blanket from the hut to keep himself warm. The Jew admitted that he had done so, whereupon PICHLER ordered FRÜHWIRT to shoot him. This FRÜHWIRT did and, in fact, FRÜHWIRT pleaded guilty to this murder. In law PICHLER is just as guilty

of/

– 2 –

of this murder as FRÜHWIRT. PICHLER and FRÜHWIRT both gave evidence on their defence. PICHLER admitted giving orders to FRÜHWIRT to shoot the Jew accused of looting, and also to giving the order to FRÜHWIRT to shoot six others three of whom were shot by FRÜHWIRT the rest by two other men. FRÜHWIRT also in his evidence admitted shooting these four Jews.

8. The evidence on all the charges is extremely strong and the defence set up is untenable both under the Austrian War Crimes Law and under the Nuremberg Judgements. The defence was that these men were acting under orders from higher authority but they did not seriously contend that disobedience to such orders would put them in immediate fear of death. There is a definite clause in the Austrian War Crimes Law 32 under which these men were charged as well as under the Criminal Code that it shall not be a good defence that the offence was one sanctioned by superior orders, and under that Austrian War Crimes Law a death sentence can be inflicted for the offences proved in these cases.

9. Each of the condemned men has put forward a petition for mercy but there are no new features in their petitions.

10. These cases were very carefully tried by a very strong Court which was unanimous in its findings and in accepting the evidence put forward by the Prosecution. That evidence shows that both the accused regarded the Jews as vermin to be eradicated and even boasted of their exploits in "liquidating the swine". Legally there is no defence at all and, in my opinion, the evidence proves conclusively that both men were brutal murderers actuated by hatred for the Jews and not in any degree acting under superior orders which they dared not refuse to carry out. I recommend, therefore, that you confirm the death sentence in each case.

DIRECTOR,
Legal Division.

3rd October, 1947.

Spätestens am 10. Oktober 1947 bestätigte der britische Oberkommandierende die Todesstrafe von Pichler und Frühwirt. Nach erfolgter Exekution waren die entsprechenden Formulare an die Rechtsabteilung des Britischen Teils der Alliierten Kommission zu retournieren. (Quelle: PRO, FO 1020/2077)

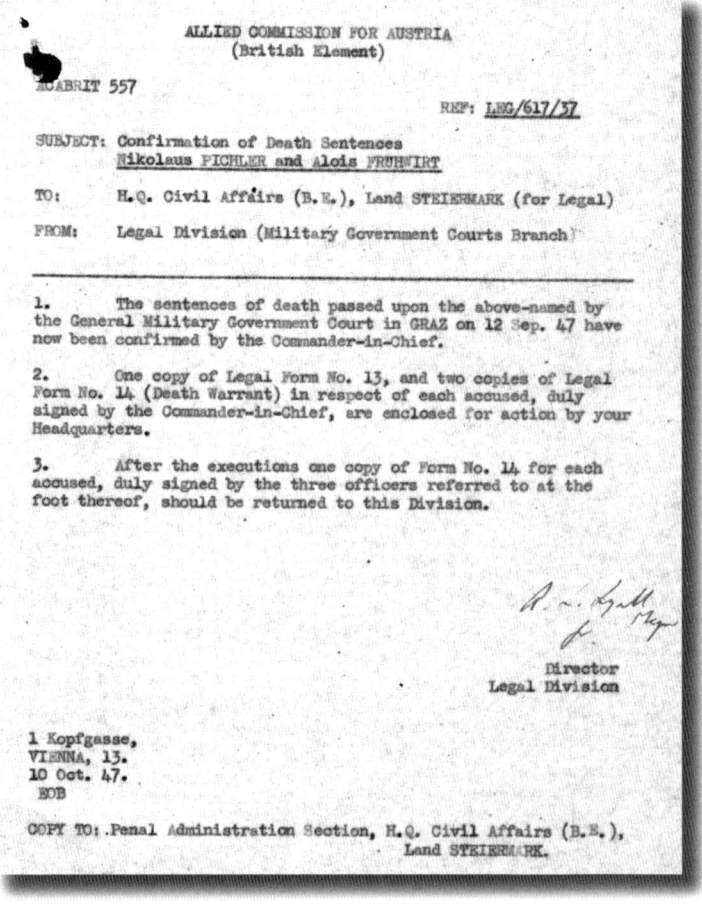

Im Sommer 1949 befassten sich die Polizeidirektion Graz und das Landesgericht für Strafsachen Graz mit dem Vermögensverfall von Alois Frühwirt. Es sei kein Vermögen vorhanden, betonte die Polizeidirektion; die Witwe beziehe vom Wohlfahrtsamt eine Fürsorgeunterstützung von monatlich 197 Schilling und habe für zwei Kinder im Alter von sechs und zehn Jahren zu sorgen. Der Genannte, hieß es ferner, sei „laut Aufzeichnungen im Meldeamt am 15. Oktober 1947 gestorben". Das Steueramt des Magistrats Graz erstellte eine Inventarliste über die Einrichtungsgegenstände, mit der die kleine Wohnung im Zentrum von Graz möbliert war. Im zusammenfassenden Erhebungsbericht wurde auf Frühwirts Hinrichtung verwiesen. Damit wurde sein Akt geschlossen.[152]

Am 15. Oktober 1947 wurden Nikolaus Pichler und Alois Frühwirt gehenkt. In beiden Fällen weisen ihre Meldekarteien ein in roter Farbe geschriebenes Kreuz mit diesem Eintrag als Todesdatum auf. (Quelle: Stadt Graz, Meldewesen)

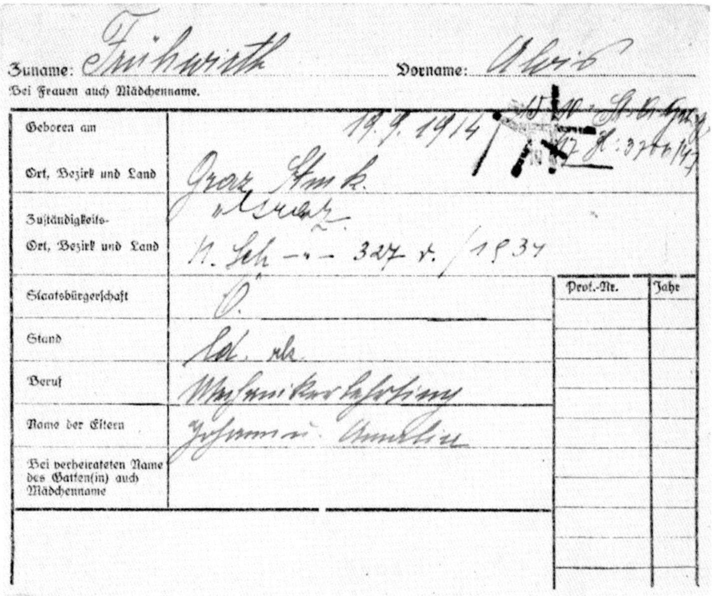

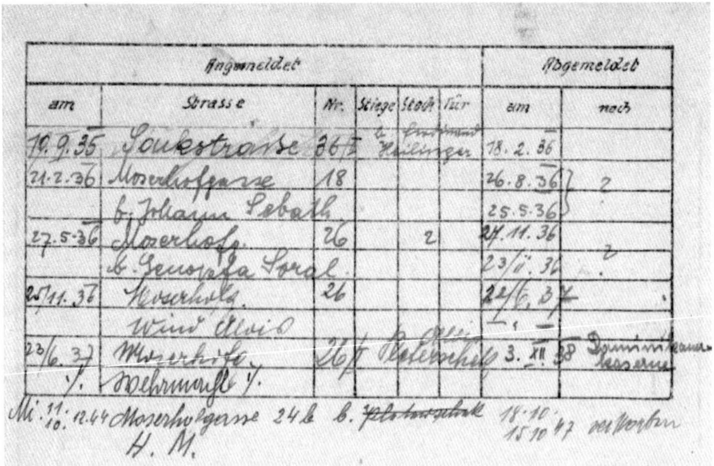

Zusammenfassung

Während der NS-Zeit war Graz von einem Netz von Lagern überzogen, die der Unterbringung ausländischer Zwangsarbeiter und Kriegsgefangener dienten. Eines der größten von ihnen war das 1940 als „Lager V" für umgesiedelte Volksdeutsche gegründete Lager Liebenau. Ab Februar 1941 konnten in den 190 Holzbaracken des in der Ulrich-Lichtenstein-Gasse, südlich der Kirchnerkaserne zwischen Kasernstraße und linkem Murufer gelegenen Lagers rund 5000 Personen untergebracht werden.

Anfang April 1945 diente das Lager Liebenau zudem als Zwischenstation der Todesmärsche ungarischer Juden vom „Südostwall" Richtung Mauthausen und Gunskirchen. Viele dieser Zwangsarbeiter waren im höchsten Grad unterernährt und krank. Auch Flecktyphusverdacht soll bestanden haben. Obwohl die notwendigen Medikamente vorhanden waren, durften diese auf Anweisung der Lagerleitung nicht ausgegeben werden. Zudem mussten die ungarischen Juden auf einer Wiese im Freien nächtigen und erhielten kaum Verpflegung. Der Lagerleiter, Nikolaus Pichler, forderte den Sanitäter des Lagers, Hans Fugger, auf, die Kranken mit Morphiumspritzen zu liquidieren. Als sich dieser weigerte, kam es zu regelrechten Exekutionen. Zudem liegt offensichtlich eine unmittelbare Verbindung zwischen den Vorfällen in Liebenau und dem großen Verbrechenskomplex rund um die SS-Kaserne Graz-Wetzelsdorf und den Schießplatz Feliferhof vor.

Spätestens im Oktober 1945 wurde das Kommando der Polizei Graz über ein Massengrab im ehemaligen Zwangsarbeiterlager Graz-Liebenau informiert. Allerdings erfolgten erst im Mai 1947 Exhumierungen, wobei man ursprünglich von etwa 150 Todesopfern ausging. Bis zum 29. Mai 1947 wurden zunächst insgesamt 46 Leichen entdeckt. Die Gesamtzahl der Exhumierungen belief sich bis Ende Mai 1947 auf insgesamt 53 Leichen, mindestens 35 von ihnen wiesen Schusswunden auf. Sie waren offensichtlich Opfer der Gewalt im Zuge der Todesmärsche ungarischer Juden auf dem Weg nach Mauthausen geworden.

Die Exhumierungen erfolgten unter den Augen der britischen Besatzungsmacht, wobei eine aus britischen und österreichischen Polizeioffizieren bestehende Kommission die Erhebungen vor Ort leitete. Für die Grabungen selbst setzte man 20 Häftlinge der Strafanstalt Karlau und des Grazer Landesgerichtes ein.

Die von Univ.-Doz. Max Fossel vom Institut für gerichtliche Medizin der Universität Graz durchgeführte Obduktion dieser 53 Leichen ergab, dass 35 von ihnen im April 1945 erschossen worden waren. Nur einige wenige dürften vor den Erschießungen an Erschöpfung oder Krankheit verstorben sein. 26 Personen waren durch Genickschuss getötet worden; davon acht, als sie bereits in einer Grube lagen. Über weitere Tote, die im wenige Monate später stattgefundenen Gerichtsverfahren erwähnt wurden, gibt es keine Exhumierungsangaben mehr. Allerdings ist in Anbetracht des in den bisher zugänglichen Akten und Unterlagen lediglich einmal vorkommenden Hinweises (gemäß der „Neuen Zeit" durch den Vorsitzenden des britischen Gerichts) eine präzise lokale Zuordnung möglicher weiterer Leichenfunde derzeit nicht möglich.

Im Juni 1947 erfolgte die Beisetzung von insgesamt 46 der exhumierten Leichen auf dem Israelitischen Friedhof in Graz; 17 davon waren eindeutig als ungarische Juden identifiziert worden.

Die Verbrechen im Lager Liebenau wurden im September 1947 im Rahmen eines Prozesses durch den „General Military Court" (Allgemeines oder Oberes Militärgericht als höchstes Gericht der britischen Besatzungsrechtsprechung) genau untersucht. Die Anklagen lauteten auf Mord nach § 134 des österreichischen Strafgesetzbuches sowie auf Verbrechen gegen die Menschlichkeit nach dem österreichischen Kriegsverbrechergesetz. Der sogenannte Liebenauer Prozess endete mit der Verhängung von zwei Todesurteilen (Nikolaus Pichler und Alois Frühwirt), die am 15. Oktober 1947 vollstreckt wurden, und einer dreijährigen Haftstrafe (Josef Thorbauer).

Der Prozess fand einen starken Widerhall in den steirischen und auch überregionalen Tageszeitungen, allen voran „Das Steirerblatt", „Neue Zeit" und „Die Wahrheit". Danach gerieten die Opfer der Kriegsverbrechen im Lager Liebenau in der Öffentlichkeit weitestgehend in Vergessenheit. Erst im Zuge der Diskussionen über ein zu errichtendes Murkraftwerk, dessen Staustufe u. a. den Bereich des ehemaligen Lagers Liebenau tangieren sollte, rückten im Herbst 2011 die Verbrechen, die während der NS-Zeit im Süden von Graz begangen worden waren, ins Zentrum der medialen und öffentlichen Aufmerksamkeit.

Anmerkungen

1 Julia Schafferhofer, Die Lager von Liebenau: Murkraftwerksgegner stolpern über ein pikantes Detail: In Liebenau befand sich eines der größten Grazer Gefangenenlager des Dritten Reiches, in: Kleine Zeitung G7, 25.9.2011, S. 10f.
2 Die nach Johann Puch bzw. dem Puchwerk im Bezirk Gries benannte Fußgängerbrücke wurde 1942 eingerichtet, um den Wechsel der Arbeitskräfte von einem Murufer auf das andere zu erleichtern. Vgl. Karl A. Kubinzky, Zur neueren Geschichte des Liebenauer Raumes, in: Gerhard M. Dienes – Karl A. Kubinzky (Hg.), Liebenau. Geschichte und Alltag. Graz 1992, S. 16–46, hier: S. 29.
3 Vgl. PRO, 1020/2077. Die aufwendigen Verfahren der „General Courts" sind im PRO durch Pre- und Post-Trial-Unterlagen sowie einige bruchstückhafte Mitschriften von 14 Verfahren (d. h. etwa der Hälfte der stattgefundenen Prozesse) dokumentiert. Davon betreffen acht Verfahren die Verbrechen an Juden im Zuge der Todesmärsche im März und April 1945. Vgl. Meinhard Brunner, Ermittlungs- und Prozessakten britischer Militärgerichte in Österreich im Public Record Office, in: Justiz und Erinnerung. 2001/4, S. 12–18, hier: S. 13. Im Falle des Liebenauer Prozesses sind – im Gegensatz etwa zum ersten Eisenerzer Prozess im April 1946 – nur wenige Pre- und Post-Trial-Unterlagen zugänglich.
4 Das Steirerblatt, 11.9.1947.
5 Siehe hierzu vor allem die im Folgenden zitierten Werke von Eleonore Lappin-Eppel, Gabriele Stieber und der Autorin selbst sowie von Szablos Szita und Stefan Karner.
6 Barbara Stelzl, Lager in Graz: Zur Unterbringung ausländischer Zivilarbeiter, Kriegsgefangener und KL-Häftlinge 1938–1945, in: Stefan Karner (Hg.), Graz in der NS-Zeit 1938–1945. Graz 1998, S. 353–369, hier: S. 357; Stefan Karner, Die Steiermark im Dritten Reich 1938–1945. Aspekte ihrer politischen, wirtschaftlich-sozialen und kulturellen Entwicklung. 3., durchgesehene Aufl. Graz 1994; Harald Knoll (Hg.), Lager in der Steiermark 1938–1945. Materialsammlung. Unveröffentlichtes Manuskript. Graz 2009.
7 Gabriela Stieber, Displaced Persons – Ausländerlager in Graz, in: Friedrich Bouvier – Helfried Valentinitsch (Hg.), Graz 1945. Historisches Jahrbuch der Stadt Graz. Bd. 25. Graz 1994, S. 235–250, hier: S. 242f. Zu den Baracken in Liebenau siehe StA, Liebenauer Hauptstraße 2, 1060/1942; StA, 4077, Kaufvertrag über Baracken lager Liebenau.
8 Stelzl, Lager in Graz, S. 357.

9 Ebd.; Stieber, Displaced Persons, S. 245; StLA, A. Weissmann, Schuber 1, Heft 4, S. 279.
10 Stelzl, Lager in Graz, S. 357; StA, Liebenauer Hauptstraße 2, 1060/1942; StLA, Weissmann,1/4, S. 279; Walter Brunner, Bomben auf Graz. Die Dokumentation Weissmann. Graz 1989, S. 389; Siegfried Beer – Stefan Karner, Der Krieg aus der Luft. Kärnten und Steiermark 1941–1945. Unter Mitarbeit von Thomas Krautzer und August Tropper. Graz 1992, S. 303; Stefan Karner, Die Steiermark im 20. Jahrhundert. Politik – Wirtschaft – Gesellschaft – Kultur. Graz 2000, S. 301.
11 Zit. nach: Beer – Karner, Der Krieg aus der Luft. Kärnten und Steiermark 1941–1945, S. 308.
12 Stelzl, Lager in Graz, S. 357; StLA, Landesgericht für Strafsachen Graz, Vr-393/1943 und Vr-274/1943.
13 StLA, Weissmann,1/4, S. 222; Brunner, Bomben auf Graz, S. 352.
14 Harald Knoll, Verzeichnis der Todesfälle in steirischen Lagern während der NS-Zeit. Zusammengestellt auf Basis des Sterbebuches des Magistrats Graz. Unveröffentlichtes Manuskript. Graz 1998, S. 7–10. Zu den einzelnen Luftangriffen vgl. Brunner, Bomben auf Graz, S. 145–149, 218–225, 255–269, 350–353.
15 StA, Liebenauer Hauptstraße 317, 57/1944.
16 Ebd., S. 354f.; Stieber, Displaced Persons, S. 249f.; Karner, Die Steiermark im Dritten Reich, S. 174–184.
17 Stieber, Displaced Persons, S. 245.
18 StA, 4077, Kaufvertrag über Barackenlager Liebenau, 30.7.1947.
19 Leopold Banny, Der „Südostwall" im Bereich des Burgenlandes 1944/45, in: Stefan Karner (Hg.), Das Burgenland im Jahr 1945. Beiträge zur Landes-Sonderausstellung 1985. Eisenstadt 1985, S. 111–118, hier: S. 111; Szabolcz Szita, Verschleppt. Verhungert. Vernichtet. Die Deportation von ungarischen Juden auf das Gebiet des annektierten Österreich 1944–1945. Mit einem Vorwort von György Konrád. Aus dem Ungarischen von Schmidtné Tasnádi Ágnes und Winfried Schmidt. Wien 1999, S. 193f.; Karner, Die Steiermark im Dritten Reich, S. 398–401. Vgl. dazu und zum Folgenden auch Barbara Stelzl-Marx, Der „Liebenauer Prozeß": NS-Gewaltverbrechen im Spiegel der steirischen Nachkriegspresse, in: Ursula Heukenkamp (Hg.), Schuld und Sühne? Kriegserlebnis und Kriegsdeutung in deutschen Medien der Nachkriegszeit (1945–1961). Amsterdam – Atlanta 2001, S. 579–596, hier: S. 581f.
20 Manfried Rauchensteiner, Das militärische Kriegsende im Burgenland 1945, in: Stefan Karner (Hg.), Das Burgenland im Jahr 1945. Beiträge zur Landes-Sonderausstellung 1985. Eisenstadt 1985, S. 97–110, hier: S. 99.
21 Eva Holpfer, Der Umgang der burgenländischen Nachkriegsgesellschaft mit NS-Verbrechen bis 1955 am Beispiel der wegen der Massaker von Deutsch-Schützen und Rechnitz geführten Volksgerichtsprozesse. Phil. DA. Wien 1998, S. 17.
22 Manfried Rauchensteiner, Der Krieg in Österreich 1945. 2., neu bearb. Aufl. Wien 1984, S. 87.
23 Karner, Die Steiermark im Dritten Reich, S. 401.
24 Banny, Der „Südostwall", S. 113f.; Szita, Verschleppt. Verhungert. Vernichtet, S. 194.
25 Szita, Verschleppt. Verhungert. Vernichtet, S. 194.
26 Eleonore Lappin, Die Ahndung von NS-Gewaltverbrechen im Zuge der

Todesmärsche ungarischer Juden durch die Steiermark, in: Winfried Garscha – Claudia Kuretsidis-Haider (Hg.), Keine Abrechnung. NS-Verbrechen, Justiz und Gesellschaft in Europa nach 1945. Wien 1998, S. 32–52, hier: S. 32.

27 Szabolcs Szita, Die Todesmärsche der Budapester Juden im November 1944 nach Hegyeshalom-Nickelsdorf, in: Zeitgeschichte 3/4. März/April 1995, S. 124–137, hier: S. 124.

28 Vgl. dazu im Detail: Eleonore Lappin-Eppel, Ungarisch-Jüdische Zwangsarbeiter und Zwangsarbeiterinnen in Österreich 1944/45. Arbeitseinsatz – Todesmärsche – Folgen. Wien – Berlin 2010, S. 203–370.

29 Eleonore Lappin-Eppel, Die Todesmärsche ungarischer Jüdinnen und Juden durch die Steiermark, in: Heimo Halbrainer – Gerald Lamprecht – Ursula Mindler (Hg.), NS-Herrschaft in der Steiermark. Positionen und Diskurse. Köln – Weimar 2012, S. 385–412, hier: S. 388; Lappin-Eppel, Ungarisch-Jüdische Zwangsarbeiter, S. 385.

30 Lappin, Die Ahndung von NS-Gewaltverbrechen, S. 32; Holpfer, Burgenländische Nachkriegsgesellschaft, S. 19f.

31 Lappin-Eppel, Die Todesmärsche, S. 392f.

32 Lappin, Die Ahndung von NS-Gewaltverbrechen, S. 32; Benedikt Friedmann, „Iwan, hau die Juden!" Die Todesmärsche ungarischer Juden durch Österreich nach Mauthausen im April 1945. St. Pölten 1989, S. 32ff; Otto Rendi, Geschichte der Juden in Graz und in der Steiermark, in: Zeitschrift des historischen Vereins für Steiermark. 1971/62, S. 157–177, hier: S. 170. Der historische Kontext und das Gedenkprojekt wurden umfangreich dokumentiert in: Heimo Halbrainer – Christian Ehetreiber (Hg.), Todesmarsch Eisenstraße 1945. Terror, Handlungsspielräume, Erinnerung: Menschliches Handeln unter Zwangsbedingungen. Graz 2005.

33 Lappin-Eppel, Die Todesmärsche, S. 389; Walter Manoschek (Hg.), Der Fall Rechnitz. Das Massaker an Juden im März 1945. Wien 2009.

34 Friedmann, Hau die Juden!, S. 14–17; Dieter A. Binder: Spurensuche zur steirisch-jüdischen Geschichte 1945–1955. Ein Zwischenbericht, in: Siegfried Beer (Hg.), Die „britische" Steiermark 1945–1955. Unter wissenschaftlicher Mitarbeit von Felix Schneider und Johannes Feichtinger. Graz 1995, S. 435–447, hier: S. 441. Siehe hierzu auch die entsprechenden Interviews in OHA-WISOG.

35 Zu den nach Kriegsende errichteten Erinnerungszeichen für die Opfer der Todesmärsche vgl. Dietmar Seiler, Im Labyrinth der Geschichtspolitik. Die Erinnerung an die Shoa im öffentlichen österreichischen Gedächtnis, in: Zeitgeschichte 9/10. September/Oktober 1997, S. 281–301, hier: S. 282; Heidemarie Uhl, Erinnern und Vergessen. Denkmäler zur Erinnerung an die Opfer der nationalsozialistischen Gewaltherrschaft und an die Gefallenen des Zweiten Weltkriegs in Graz und in der Steiermark, in: Stefan Riesenfellner – Heidemarie Uhl (Hg.), Todeszeichen. Zeitgeschichtliche Denkmalkultur in Graz und in der Steiermark vom Ende des 19. Jahrhunderts bis zur Gegenwart. Wien – Köln – Weimar 1994, S. 111–195, hier: S. 123ff.

36 Christian Gmeiner (Hg.), Mobiles Erinnern. Gedenken: Todesmarsch ungarisch-jüdischer Zwangsarbeiter 1944–45. Unveröffentlichtes Manuskript. Krems 2005.

37 Heidemarie Uhl, Intervention in die Schweigestellen des „österreichischen Gedächtnisses", in: Christian Gmeiner (Hg.), Mobiles Erinnern. Gedenken: Todesmarsch ungarisch-jüdischer Zwangsarbeiter 1944–45. Unveröffentlichtes Manuskript. Krems 2005, S. 4.

38 Peter Kammerstätter, Der Todesmarsch ungarischer Juden von Mauthausen nach Gunskirchen im April 1945. Eine Materialsammlung nach 25 Jahren. Linz 1971, S. 8; Lappin-Eppel, Ungarisch-Jüdische Zwangsarbeiter, S. 459, 463.
39 Die genannte Zahl beinhaltete jedoch auch Häftlinge, die aus dem Konzentrationslager Auschwitz nach Österreich gekommen waren. Vgl. Eleonore Lappin, Rechnitz gedenkt der Opfer der NS-Herrschaft, in: Dokumentationsarchiv des österreichischen Widerstandes. Jahrbuch 1992. Wien 1992, S. 50–70, hier: S. 49; Thomas Albrich, Exodus durch Österreich. Die jüdischen Flüchtlinge 1945–1948. Innsbruck 1987, S. 18f.; Lappin-Eppel, Ungarisch-Jüdische Zwangsarbeiter, S. 478.
40 Lappin-Eppel, Die Todesmärsche, S. 410.
41 Insgesamt waren zwischen Mai 1944 und Mai 1945 rund 35.000 ungarische Juden auf österreichischem Gebiet und weitere 18.000 in Westungarn Zwangsarbeiter unter Kontrolle von Österreichern. Vgl. Lappin-Eppel, Ungarisch-Jüdische Zwangsarbeiter, S. 309, 478.
42 Vgl. etwa PRO/FO, 1020/2077, Niederschrift der Einvernahme von Alois Frühwirt, 28.4.1947.
43 Lappin-Eppel, Ungarisch-Jüdische Zwangsarbeiter, S. 414.
44 PRO, FO 1020/2077, Niederschrift der Einvernahme von Alois Frühwirt, 28.4.1947; PRO, FO 1020/2077, Niederschrift der Einvernahme von Nikolaus Pichler, 25.7.1947. Angeblich sollen 176 von 220 kranken Juden an Fleckfieber erkrankt gewesen sein. Vgl. Das Steirerblatt, 9.9.1947.
45 Nicole-Melanie Goll – Georg Hoffmann, NS-Verbrechen in der ehemaligen SS-Kaserne Wetzelsdorf 1945 [in Vorbereitung]; Georg Hoffmann, SS-Kaserne Graz-Wetzelsdorf. Im Spannungsfeld des Kriegsendes und der Nachkriegsjustiz, in: Friedrich Bouvier – Nikolaus Reisinger (Hg.), Historisches Jahrbuch der Stadt Graz. Bd. 40. Graz 2010, S. 305–340, hier: S. 321. Herrn Mag. Georg Hoffmann sei für diese Informationen herzlich gedankt. Zum Feliferhof vgl. auch Stefan Karner – Harald Knoll, Der „Feliferhof". Forschungsprojekt des BMLV/Büro für Wehrpolitik, durchgeführt vom Ludwig Boltzmann-Institut für Kriegsfolgen-Forschung. Wien 2001.
46 PRO, 310/143, Bericht über den Eisenerz-Transport, 23.2.1946.
47 Die Wahrheit, 16.9.1947.
48 Vgl. dazu und zum Folgenden Lappin-Eppel, Ungarisch-Jüdische Zwangsarbeiter, S. 440–442.
49 ÖStA/AdR, 68.763/55, Strafsache gegen Albin Grossmann, Viktor Apschner, Valentin Gries, Matthias Mitter und Johann Wöhry. Gerichtsverfahren vom 15.9.1947, S. 1–4; Das Steirerblatt, 16.9.1947; Das Steirerblatt, 17.9.1947; Das Steirerblatt, 18.9.1947.
50 Die Wahrheit, 16.9.1947.
51 PRO, WO 310/143, Protokoll der Zeugeneinvernahme von Stefan Kelemann, o. D.; ebd., Protokoll der Zeugeneinvernahme von Zoltan Diamant, o. D.
52 PRO, WO 310/155, Bericht über die Ermordung ungarischer Juden in Gratkorn, 30.8.1945.
53 PRO, WO 310/155, Ermittlungsbericht der Kriminalpolizeistelle Graz über die Erschießung ungarischer Juden in Gratkorn, 5.7.1945.
54 PRO, WO 310/143, Bericht von Major B. B. Hall über den Marsch nach Eisenerz, 12.2.1946.
55 Österreichische Zeitung, 13.9.1947.

56 PRO, FO 1020/2077, Bericht des Instituts für gerichtliche Medizin der Universität Graz über die Obduktion der exhumierten Leichen im Lager Graz-Liebenau vom 29.5. bis zum 20.6.1947, 14.7.1947.
57 PRO, FO 1020/2077, Niederschrift der Einvernahme von Alois Frühwirt, 28.4.1947.
58 Neue Zeit, 10.9.1947.
59 PRO, FO 1020/2077, Niederschrift der Einvernahme von Josef Thorbauer, 9.5.1947.
60 Ebd.
61 Die Wahrheit, 10.9.1947.
62 Neue Zeit, 10.9.1947.
63 Das Steirerblatt, 10.9.1947.
64 Pichler gab in seiner Einvernahme durch die Briten zu Protokoll, er sei für die Arbeitskontrolle der DAF-Lager zuständig gewesen: „From 1942 until 8th May, 1945, I was in charge of the labour control of the D.A.F. and while performing these duties I supervised all camps of the district of Graz, inclusive Steinfeld and Liebenau. I was taking care of the camps and was responsible for the accomplishment of these functions." Vgl. PRO, FO 1020/2077, Niederschrift der Einvernahme von Nikolaus Pichler, 25.7.1947.
65 Das Steirerblatt, 11.9.1947.
66 Neue Zeit, 10.9.1947.
67 PRO, FO 1020/2077, Niederschrift der Einvernahme von Franz Eder, 27.5.1947.
68 Die Wahrheit, 13.9.1947; Summary of Cases Tried in British Military Courts – October 1945 to 31 August 1948. Particulars of Persons Sentenced to Death, in: PRO FO 1020/228 zitiert nach Siegfried Beer, Aspekte der britischen Militärgerichtsbarkeit in Österreich 1945–1950, in: Winfried Garscha – Claudia Kuretsidis-Haider (Hg.), Keine Abrechnung. NS-Verbrechen, Justiz und Gesellschaft in Europa nach 1945. Wien 1998, S. 54–65, hier: S. 62.
69 Österreichische Zeitung, 9.9.1947.
70 Das Steirerblatt, 9.9.1947.
71 Neue Zeit, 9.9.1947.
72 Das Steirerblatt, 9.9.1947.
73 Weltpresse, 10.9.1947.
74 Lappin-Eppel, Ungarisch-Jüdische Zwangsarbeiter, S. 415.
75 Neue Zeit, 9.9.1947.
76 Das Steirerblatt, 10.9.1947.
77 Ebd.
78 ABPdG, Tagesrapport des Kommandos der Polizei Graz, 15.10.1945. S. 1; Stelzl-Marx, Der „Liebenauer Prozess", S. 579.
79 Die Wahrheit, 25.5.1947.
80 Die Wahrheit, 14.5.1947.
81 Die Wahrheit, 17.5.1947.
82 Neue Zeit, 29.5.1947.
83 Die Wahrheit, 29.5.1947.
84 Die Wahrheit, 9.9.1947.
85 Das Steirerblatt, 29.5.1947; Österreichische Volksstimme, 29.5.1947.
86 Österreichische Volksstimme, 17.5.1947; Die Wahrheit, 14.5.1947.
87 Das Steirerblatt, 11.9.1947.
88 PRO, FO 1020/2077, Bericht des Instituts für gerichtliche Medizin .

89 Im Bericht von Univ.-Doz. Fossel werden irrtümlich 36 nicht identifizierte Leichen angegeben.
90 PRO, FO 1020/2077, Bericht des Instituts für gerichtliche Medizin; Das Steirerblatt, 11.9.1947.
91 AdIfGM, Leichenöffnungsbericht der unbekannten, männlichen Leiche Nr. 43 aus Liebenau, 4.6.1947.
92 PRO, FO 1020/2077, Bericht des Instituts für gerichtliche Medizin. In den zeitgenössischen Medienberichten ist mehrfach von 35 Opfern die Rede, die tödliche Schussverletzungen aufwiesen. Vgl. Das Steirerblatt, 9.9.1947.
93 PRO, FO 1020/2077, Bericht des Instituts für gerichtliche Medizin; Das Steirerblatt, 9.9.1945; Das Steirerblatt, 11.9.1947.
94 Das Steirerblatt, 11.9.1947.
95 PRO, FO 1020/2077, Bericht des Instituts für gerichtliche Medizin.
96 IKG, Gräberverzeichnis des Israelitischen Friedhofs in Graz, S. 23.
97 Uhl, Erinnern und Vergessen, S. 123, 182.
98 Dieter A. Binder, Provinz ohne Juden oder Das dumpfe Schweigen der Provinz, in: Friedrich Bouvier – Helfried Valentinitsch (Hg.), Graz 1945. Historisches Jahrbuch der Stadt Graz. Bd. 25. Graz 1994, S. 541–556, hier: S. 546f.
99 Zum Kriegsverbrechergesetz siehe Hellmut Butterweck, Verurteilt und begnadigt. Österreich und seine NS-Straftäter. Wien 2003, S. 25–30.
100 Weltpresse, 10.9.1947; Neue Zeit, 9.9.1947. Vgl. dazu und zum Folgenden insbesondere Stelzl-Marx, Der „Liebenauer Prozess", S. 585–594.
101 Eleonore Lappin, Prozesse der britischen Militärgerichte wegen nationalsozialistischen Gewaltverbrechen an ungarisch-jüdischen Zwangsarbeitern in der Steiermark, in: Rudolf G. Ardelt – Christian Gerbel (Hg.), Österreichischer Zeitgeschichtetag 1995. Österreich 50 Jahre Zweite Republik. Wien 1997, S. 345–350, hier: S. 346; Elisabeth Schöggl-Ernst, Recht und Gericht, in: Walter Brunner (Hg.), Geschichte der Stadt Graz. Bd. I. Lebensraum – Stadt – Verwaltung. Graz 2003, S. 351–450, hier: S. 425.
102 Neue Zeit, 12.9.1947.
103 Vgl. dazu etwa Martin F. Polaschek, Im Namen der Republik! Die Volksgerichte in der Steiermark 1945 bis 1955. Graz 1998, S. 163–168; Eleonore Lappin, Opfer als Zeugen in Gerichtsverfahren wegen nationalsozialistischer Gewaltverbrechen: Ein unterbliebener Opfer-Täter-Diskurs, in: Gertraud Diendorfer – Gerhard Jagschitz – Oliver Rathkolb (Hg.), Zeitgeschichte im Wandel. Bd. 3. Österreichischer Zeitgeschichtetag 1997. Innsbruck – Wien 1998, S. 330–336; Butterweck, Verurteilt und begnadigt, S. 153–157; Karl Marschall, Volksgerichtsbarkeit und Verfolgung von nationalsozialistischen Gewaltverbrechen in Österreich. Wien 1987, S. 183–185; Heimo Halbrainer, „Unsere Pflicht, wahrhaft und objektiv Gerechtigkeit zu sprechen" – Die Ahnung nationalsozialistischer Verbrechen im Zuge des Todesmarsches ungarischer Juden durch den Bezirk Leoben, in: Heimo Halbrainer – Christian Ehetreiber (Hg.), Todesmarsch Eisenstraße 1945. Terror, Handlungsspielräume, Erinnerung: Menschliches Handeln unter Zwangsbedingungen. Graz 2005, S. 95–134.
104 Lappin, Prozesse der britischen Militärgerichte, S. 347.
105 Siegfried Beer, „Let right be done". Die Briten und der Wiederaufbau der steirischen Justiz im Jahre 1945, in: Friedrich Bouvier – Helfried Valentinitsch (Hg.), Graz 1945. Historisches Jahrbuch der Stadt Graz. Bd. 25. Graz 1994, S. 183–241, hier: S. 202.

106 Lappin, Die Ahndung von NS-Gewaltverbrechen, S. 41; Beer, Militärgerichtsbarkeit, S. 55.
107 Stelzl-Marx, Der „Liebenauer Prozess", S. 587–594.
108 Neue Zeit, 12.9.1947.
109 Neue Zeit, 13.9.1947.
110 Ein Teil der Prozessakten findet sich in: PRO, FO 1020/2077.
111 PRO, FO 1020/2077, Niederschrift der Einvernahme von Josef Pammer, 17.4.1947.
112 PRO, WO 310/143, Bericht von Major B. B. Hall über den Marsch nach Eisenerz, 12.2.1946.
113 Vgl. etwa PRO, FO 1020/2077, Niederschrift der Einvernahme von Josef Pammer, 17.4.1947; ebd., Niederschrift der Einvernahme von Alois Frühwirt, 28.4.1947.
114 Im britischen Prozessakt findet sich die Schreibweise „Eder". Österreichische Zeitungen schrieben mehrfach „Edder".
115 Das Steirerblatt, 9.9.1947.
116 Ebd.
117 Wiener Zeitung, 13.9.1947.
118 Das Steirerblatt, 9.9.1947.
119 Ebd.; Neue Zeit, 9.9.1947.
120 Österreichische Zeitung, 9.9.1947.
121 Das Steirerblatt, 9.9.1947.
122 Das Steierblatt, 10.9.1947.
123 Die Wahrheit, 10.9.1947.
124 PRO, FO 1020/2077, Niederschrift der Einvernahme von Franz Eder, 27.5.1947.
125 Neue Zeit, 10.9.1947.
126 Neue Zeit, 12.9.1947.
127 Das Steirerblatt, 12.9.1947.
128 Neue Zeit, 12.9.1947.
129 Die Wahrheit, 11.9.1947.
130 Neue Zeit, 11.9.1947.
131 Das Steirerblatt, 11.9.1947.
132 Neue Zeit, 11.9.1947.
133 Die Wahrheit, 12.9.1947.
134 Das Steirerblatt, 13.9.1947.
135 Neue Zeit, 13.9.1947.
136 Die Wahrheit, 13.9.1947.
137 Ebd.
138 Ebd.; Das Steirerblatt, 13.9.1947.
139 Stelzl-Marx, Der „Liebenauer Prozess", S. 592ff.; Eva Holpfer, Das Massaker an ungarischen Juden in Rechnitz als Beispiel für den Umgang der politischen Parteien im Burgenland mit der NS-Vergangenheit in den ersten Nachkriegsjahren, in: Winfried Garscha – Claudia Kuretsidis-Haider (Hg.), Keine Abrechnung. NS-Verbrechen, Justiz und Gesellschaft in Europa nach 1945. Wien 1998, S. 422–429, hier: S. 429.
140 Neue Zeit, 13.9.1947.
141 Österreichische Zeitung, 13.9.1947.
142 Das Steirerblatt, 13.9.1947; Die Wahrheit, 13.9.1947.
143 Die Wahrheit, 13.9.1947.
144 Das Steirerblatt, 13.9.1947; Die Wahrheit, 13.9.1947; Neue Zeit, 13.9.1947.

145 Die Wahrheit, 13.9.1947.
146 Lappin-Eppel, Ungarisch-Jüdische Zwangsarbeiter, S. 416.
147 Neue Zeit, 13.9.1947; Österreichische Volksstimme, 13.9.1947.
148 PRO, FO 1020/2077, Ablehnung der Gnadengesuche von Nikolaus Pichler und Alois Frühwirt, 3.10.1947.
149 PRO, FO 1020/2077, Bestätigung der Todesstrafe gegenüber Nikolaus Pichler und Alois Frühwirt, 10.10.1947.
150 Die Briten vollzogen Todesurteile zunächst durch Erschießen, ab Ende September 1946 mit einem eigens dafür im Grazer Landesgericht für Strafsachen errichteten Galgen. Als „public hangman" fungierte anfangs der Brite Albert Pierrepoint, der später österreichische Henker dafür anlernte. Vgl. Beer, Aspekte der britischen Militärgerichtsbarkeit in Österreich, S. 64.
151 Stadt Graz, Meldewesen, Meldekarteikarten von Nikolaus Pichler und Alois Frühwirt. Frau Heide Kaier sei herzlich für ihre Unterstützung bei den Recherchen gedankt.
152 StLA, 11 Vr–2413/49, Strafsache Alois Frühwirt.

ANHANG

Zeittafel

Anfang April 1945	Ankunft mehrerer Transporte ungarischer Juden im Lager Liebenau, Exekutionen
2. April 1945	Abmarsch von 100 bis 150 Personen vom Lager Liebenau in die SS-Kaserne Wetzelsdorf. Erschießung von ihnen in derselben Nacht. Ende April oder 1. Mai Exhumierung und Überstellung in ein Massengrab auf dem Feliferhof
4. April 1945	Abmarsch der über Gleisdorf nach Liebenau gekommenen Gruppe über Bruck an der Mur, Leoben, Präbichl, Eisenerz, Hieflau Richtung Mauthausen. Etwa 200 von ihnen wurden am 7. April Opfer des Präbichl-Massakers bei Eisenerz
7. April 1945	Abmarsch eines Transports mit etwa tausend ungarischen Juden von Graz über das Gaberl nach Trieben und Liezen
26. oder 28. April 1945	Abmarsch des letzten Transports Richtung Frohnleiten und Eisenerz
15. Oktober 1945	Meldung bei der Polizeidirektion Graz über Massengräber auf dem ehemaligen Liebenauer Lagerareal
Spätestens ab April 1947	Verhaftung und Voruntersuchung von vier ehemaligen Mitgliedern des Lagerpersonals
Mai 1947	Exhumierung von 53 Leichen, wobei 34 von ihnen tödliche Schusswunden aufwiesen

29. Mai bis 28. Juni 1947	Obduktion der 53 Leichen durch Univ.-Doz. Max Fossel, Institut für gerichtliche Medizin der Universität Graz im Auftrag der britischen Besatzungsmacht
6. Juni 1947	Beisetzung von 46 exhumierten Leichen auf dem Israelitischen Friedhof Graz
8. September 1947	Beginn des Liebenauer Prozesses vor einem Oberen Britischen Militärgericht im Grazer Straflandesgericht in der Conrad-von-Hötzendorf-Straße 41
9. September 1947	Zweiter Prozesstag: Zeugeneinvernahmen und Freispruch von Franz Eder
10. bis 11. September 1947	Dritter und vierter Prozesstag
12. September 1947	Urteilsverkündung am fünften und letzten Prozesstag: Todesstrafe durch den Strang für Nikolaus Pichler und Alois Frühwirt, fünf Jahre Haft für Josef Thorbauer
3. Oktober 1947	Negative Beurteilung der Gnadengesuche von Pichler und Frühwirt durch die Rechtsabteilung des Britischen Teils der Alliierten Kommission
Spätestens am 10. Oktober 1947	Bestätigung der Todesstrafe von Pichler und Frühwirt durch den britischen Oberkommandierenden
15. Oktober 1947	Hängung von Pichler und Frühwirt im Grazer Landesgericht für Strafsachen

Abkürzungsverzeichnis

ABPdG	Archiv der Bundespolizeidirektion Graz
AdBIK	Archiv des Ludwig Boltzmann-Instituts für Kriegsfolgen-Forschung
AdlfGM	Archiv des Instituts für gerichtliche Medizin der Universität Graz
AG	Aktiengesellschaft
Aufl.	Auflage
Bd.	Band
bearb.	bearbeitet
bzw.	beziehungsweise
D.A.F.; DAF	Deutsche Arbeitsfront
d. h.	das heißt
DI	Diplomingenieur
Dr.	Doktor
DSZ	Digitales Steirisches Zeitungsarchiv
ESTAG	Energie Steiermark Aktiengesellschaft
FO	Foreign Office
Gestapo	Geheime Staatspolizei
GmbH	Gesellschaft mit beschränkter Haftung
G7	Graz sieben [Redakteure]
HJ	Hitlerjugend
IKG	Israelitische Kultusgemeinschaft Graz
KHD	Kriegshilfsdienst
KPÖ	Kommunistische Partei Österreichs
KZ	Konzentrationslager
Mag.	Magister
mm	Millimeter
MPi	Maschinenpistole
NARA	National Archives and Records Administration
Nr.	Nummer
NS	Nationalsozialismus

o. D.	ohne Datum
OHA-WISOG	Oral-History-Archiv des Instituts für Wirtschafts-, Sozial- und Unternehmensgeschichte
ÖStA/AdR	Österreichisches Staatsarchiv/Archiv der Republik
ÖVP	Österreichische Volkspartei
PRO	Public Record Office
RAD	Reichsarbeitsdienst
SA	Sturmabteilung
SPÖ	Sozialistische Partei Österreichs
SS	Schutzstaffel
StA	Stadtarchiv Graz
Stalag	Kriegsgefangenen-Mannschaftsstammlager
StBTA	Steiermärkisches Landesmuseum Joanneum, Bild- und Tonarchiv
StGBl	Strafgesetzblatt
StLA	Steiermärkisches Landesarchiv
STUAG	Straßenbau- und Tiefbauunternehmung-Aktiengesellschaft
u. a.	unter anderem; und andere
Univ.-Doz.	Universitätsdozent
Univ.-Prof.	Universitätsprofessor
v. a.	vor allem
Vgl.; vgl.	Vergleiche; vergleiche
WO	War Office

Quellenverzeichnis

Archiv der Bundespolizeidirektion Graz (ABPdG)
Tagesrapport des Kommandos der Polizei Graz, 15.10.1945, S. 1.

Archiv der Israelitischen Kultusgemeinschaft Graz (IKG)
Gräberverzeichnis des Israelitischen Friedhofs in Graz.

Archiv des Instituts für gerichtliche Medizin der Universität Graz (AdIfGM)
Leichenöffnungsbericht der unbekannten, männlichen Leiche Nr. 43 aus Liebenau, 4.6.1947.

National Archives and Records Administration, Washington D. C. (NARA)
RG 243, 4, IIIa 1108.
RG 18/190/58/13/02/E 7-A, USAAF Combat Rep WWII, 463rd BG, Bx. 2774.

Oral-History-Archiv des Instituts für Wirtschafts-, Sozial- und Unternehmensgeschichte, Graz (OHA-WISOG)
Interviews

Österreichisches Staatsarchiv/Archiv der Republik, Wien (ÖStA/AdR)
68.763/55, Strafsache gegen Albin Grossmann, Viktor Apschner, Valentin Gries, Matthias Mitter und Johann Wöhry. Gerichtsverfahren vom 15.9.1947.

Public Record Office, London (PRO)
Foreign Office (FO)
1020/2077, Niederschrift der Einvernahme von Josef Pammer, 17.4.1947.
1020/2077, Niederschrift der Einvernahme von Alois Frühwirt, 28.4.1947.
1020/2077, Niederschrift der Einvernahme von Josef Thorbauer, 9.5.1947.
1020/2077, Bericht des Instituts für gerichtliche Medizin der Universität Graz über die Obduktion der exhumierten Leichen im Lager Graz-Liebenau vom 29.5. bis zum 20.6.1947, 14.7.1947.

1020/2077, Niederschrift der Einvernahme von Nikolaus Pichler, 25.7.1947.
1020/2077, Niederschrift der Einvernahme von Franz Eder, 27.5.1947.
1020/2077, Ablehnung der Gnadengesuche von Nikolaus Pichler und Alois Frühwirt, 3.10.1947.
1020/2077, Anordnung bezüglich der weiteren Vorgehensweise nach der Bestätigung der Todesstrafe gegenüber Nikolaus Pichler und Alois Frühwirt, 10.10.1947.
1020/2077, Bestätigung der Todesstrafe gegenüber Nikolaus Pichler und Alois Frühwirt, 10.10.1947.
1020/228, Summary of Cases Tried in British Military Courts – October 1945 to 31 August 1948. Particulars of Persons Sentenced to Death.

War Office (WO)
310/143, Bericht von Major B. B. Hall über den Marsch nach Eisenerz, 12.2.1946.
310/143, Bericht über den Eisenerz-Transport, 23.2.1946.
310/143, Protokoll der Zeugeneinvernahme von Zoltan Diamant, o. D.
310/143, Protokoll der Zeugeneinvernahme von Stefan Kelemann, o. D.
310/155, Ermittlungsbericht der Kriminalpolizeistelle Graz über die Erschießung ungarischer Juden in Gratkorn, 5.7.1945.
310/155, Bericht über die Ermordung ungarischer Juden in Gratkorn, 30.8.1945.

Sammlung Walter Dal-Asen, Landl
Fotos ungarischer Juden während des Todesmarsches in Hieflau.

Stadtarchiv Graz (StA)
Liebenauer Hauptstraße 2, 1060/1942.
Liebenauer Hauptstraße 317, 57/1944.
4077, Kaufvertrag über Barackenlager Liebenau, 30.7.1947.

Stadt Graz, Meldewesen
Meldekarteikarten von Nikolaus Pichler und Alois Frühwirt.

Steiermärkisches Landesarchiv, Graz (StLA)
11 Vr–2413/49, Strafsache Alois Frühwirt.
A. Weissmann, Schuber 1, Heft 4.
Digitales Steirisches Zeitungsarchiv.
Landesgericht für Strafsachen Graz, Vr–274/1943.
Landesgericht für Strafsachen Graz, Vr–393/1943.

Steiermärkisches Landesmuseum Joanneum, Bild- und Tonarchiv, Graz (StBTA)
KB 21816.
KB 22696.
KB 23789.

Literaturverzeichnis

Thomas Albrich, Exodus durch Österreich. Die jüdischen Flüchtlinge 1945–1948. Innsbruck 1987.

Leopold Banny, Der „Südostwall" im Bereich des Burgenlandes 1944/45, in: Stefan Karner (Hg.), Das Burgenland im Jahr 1945. Beiträge zur Landes-Sonderausstellung 1985. Eisenstadt 1985, S. 111–118.

Siegfried Beer, Aspekte der britischen Militärgerichtsbarkeit in Österreich 1945–1950, in: Winfried Garscha – Claudia Kuretsidis-Haider (Hg.), Keine Abrechnung. NS-Verbrechen, Justiz und Gesellschaft in Europa nach 1945. Wien 1998, S. 54–65.

Siegfried Beer, „Let right be done". Die Briten und der Wiederaufbau der steirischen Justiz im Jahre 1945, in: Friedrich Bouvier – Helfried Valentinitsch (Hg.), Graz 1945. Historisches Jahrbuch der Stadt Graz. Bd. 25. Graz 1994, S. 183–241.

Siegfried Beer – Stefan Karner, Der Krieg aus der Luft. Kärnten und Steiermark 1941–1945. Unter Mitarbeit von Thomas Krautzer und August Tropper. Graz 1992.

Dieter A. Binder, Provinz ohne Juden oder Das dumpfe Schweigen der Provinz, in: Friedrich Bouvier – Helfried Valentinitsch (Hg.), Graz 1945. Historisches Jahrbuch der Stadt Graz. Bd. 25. Graz 1994, S. 541–556.

Dieter A. Binder, Spurensuche zur steirisch-jüdischen Geschichte 1945–1955. Ein Zwischenbericht, in: Siegfried Beer (Hg.), Die „britische" Steiermark 1945–1955. Unter wissenschaftlicher Mitarbeit von Felix Schneider und Johannes Feichtinger. Graz 1995, S. 435–447.

Meinhard Brunner, Ermittlungs- und Prozessakten britischer Militärgerichte in Österreich im Public Record Office, in: Justiz und Erinnerung. Nr. 4/Mai 2001, S. 12–18.

Walter Brunner, Bomben auf Graz. Die Dokumentation Weissmann. Graz 1989.

Hellmut Butterweck, Verurteilt und begnadigt. Österreich und seine NS-Straftäter. Wien 2003.

Benedikt Friedmann, „Iwan, hau die Juden!" Die Todesmärsche ungarischer Juden durch Österreich nach Mauthausen im April 1945. St. Pölten 1989.

Christian Gmeiner (Hg.), Mobiles Erinnern. Gedenken: Todesmarsch ungarisch-jüdischer Zwangsarbeiter 1944–45. Unveröffentlichtes Manuskript. Krems 2005.

Nicole-Melanie Goll – Georg Hoffmann, NS-Verbrechen in der ehemaligen SS-Kaserne Wetzelsdorf 1945 [in Vorbereitung].

Heimo Halbrainer, „Unsere Pflicht, wahrhaft und objektiv Gerechtigkeit zu sprechen" – Die Ahnung nationalsozialistischer Verbrechen im Zuge des Todesmarsches ungarischer Juden durch den Bezirk Leoben, in: Heimo Halbrainer – Christian Ehetreiber (Hg.), Todesmarsch Eisenstraße 1945. Terror, Handlungsspielräume, Erinnerung: Menschliches Handeln unter Zwangsbedingungen. Graz 2005, S. 95–134.

Heimo Halbrainer – Christian Ehetreiber (Hg.), Todesmarsch Eisenstraße 1945. Terror, Handlungsspielräume, Erinnerung: Menschliches Handeln unter Zwangsbedingungen. Graz 2005.

Georg Hoffmann, SS-Kaserne Graz-Wetzelsdorf. Im Spannungsfeld des Kriegsendes und der Nachkriegsjustiz, in: Friedrich Bouvier – Nikolaus Reisinger (Hg.), Historisches Jahrbuch der Stadt Graz. Bd. 40. Graz 2010, S. 305–340.

Eva Holpfer, Das Massaker an ungarischen Juden in Rechnitz als Beispiel für den Umgang der politischen Parteien im Burgenland mit der NS-Vergangenheit in den ersten Nachkriegsjahren, in: Winfried Garscha – Claudia Kuretsidis-Haider (Hg.), Keine Abrechnung. NS-Verbrechen, Justiz und Gesellschaft in Europa nach 1945. Wien 1998, S. 422–429.

Eva Holpfer, Der Umgang der burgenländischen Nachkriegsgesellschaft mit NS-Verbrechen bis 1955 am Beispiel der wegen der Massaker von Deutsch-Schützen und Rechnitz geführten Volksgerichtsprozesse. Phil. DA. Wien 1998.

Peter Kammerstätter, Der Todesmarsch ungarischer Juden von Mauthausen nach Gunskirchen im April 1945. Eine Materialsammlung nach 25 Jahren. Linz 1971.

Stefan Karner, Die Steiermark im 20. Jahrhundert. Politik – Wirtschaft – Gesellschaft – Kultur. Graz 2. Aufl. 2005.

Stefan Karner, Die Steiermark im Dritten Reich 1938–1945. Aspekte ihrer politischen, wirtschaftlich-sozialen und kulturellen Entwicklung. 3., durchgesehene Aufl. Graz 1994.

Stefan Karner – Harald Knoll, Der „Feliferhof". Forschungsprojekt des BMLV/Büro für Wehrpolitik, durchgeführt vom Ludwig Boltzmann-Institut für Kriegsfolgen-Forschung. Wien 2001.

Harald Knoll (Hg.), Lager in der Steiermark 1938–1945. Materialsammlung. Unveröffentlichtes Manuskript. Graz 2009.

Karl A. Kubinzky, Zur neueren Geschichte des Liebenauer Raumes, in: Gerhard M. Dienes – Karl A. Kubinzky (Hg.), Liebenau. Geschichte und Alltag. Graz 1992, S. 16–46.

Eleonore Lappin, Die Ahndung von NS-Gewaltverbrechen im Zuge der Todesmärsche ungarischer Juden durch die Steiermark, in: Winfried Garscha – Claudia Kuretsidis-Haider (Hg.), Keine Abrechnung. NS-Verbrechen, Justiz und Gesellschaft in Europa nach 1945. Wien 1998, S. 32–52.

Eleonore Lappin, Opfer als Zeugen in Gerichtsverfahren wegen nationalsozialistischer Gewaltverbrechen: Ein unterbliebener Opfer-Täter-Diskurs, in: Gertraud Diendorfer – Gerhard Jagschitz – Oliver Rathkolb (Hg.), Zeitgeschichte im Wandel. 3. Österreichischer Zeitgeschichtetag 1997. Innsbruck – Wien 1998, S. 330–336.

Eleonore Lappin, Prozesse der britischen Militärgerichte wegen nationalsozialistischen Gewaltverbrechen an ungarisch-jüdischen Zwangsarbeitern in der Steiermark, in: Rudolf G. Ardelt – Christian Gerbel (Hg.), Österreichischer Zeitgeschichtetag 1995. Österreich 50 Jahre Zweite Republik. Wien 1997, S. 345–350.

Eleonore Lappin, Rechnitz gedenkt der Opfer der NS-Herrschaft, in: Dokumentationsarchiv des österreichischen Widerstandes. Jahrbuch 1992. Wien 1992, S. 50–70.

Eleonore Lappin-Eppel, Die Todesmärsche ungarischer Jüdinnen und Juden durch die Steiermark, in: Heimo Halbrainer – Gerald Lamprecht – Ursula Mindler (Hg.), NS-Herrschaft in der Steiermark. Positionen und Diskurse. Köln – Weimar 2012, S. 385–412.

Eleonore Lappin-Eppel, Ungarisch-Jüdische Zwangsarbeiter und Zwangsarbeiterinnen in Österreich 1944/45. Arbeitseinsatz – Todesmärsche – Folgen. Wien – Berlin 2010.

Harald Knoll, Verzeichnis der Todesfälle in steirischen Lagern während der NS-Zeit. Zusammengestellt auf Basis des Sterbebuches des Magistrats Graz. Unveröffentlichtes Manuskript. Graz 1998.

Walter Manoschek (Hg.), Der Fall Rechnitz. Das Massaker an Juden im März 1945. Wien 2009.

Karl Marschall, Volksgerichtsbarkeit und Verfolgung von nationalsozialistischen Gewaltverbrechen in Österreich. Wien 1987.

Martin F. Polaschek, Im Namen der Republik! Die Volksgerichte in der Steiermark 1945 bis 1955. Graz 1998.

Manfried Rauchensteiner, Das militärische Kriegsende im Burgenland 1945, in: Stefan Karner (Hg.), Das Burgenland im Jahr 1945. Beiträge zur Landes-Sonderausstellung 1985. Eisenstadt 1985, S. 97–110.

Manfried Rauchensteiner, Der Krieg in Österreich 1945. 2., neu bearb. Aufl. Wien 1984.

Otto Rendi, Geschichte der Juden in Graz und in der Steiermark, in: Zeitschrift des historischen Vereins für Steiermark. 1971/62, S. 157–177.

Elisabeth Schöggl-Ernst, Recht und Gericht, in: Walter Brunner (Hg.), Geschichte der Stadt Graz. Bd. I. Lebensraum – Stadt – Verwaltung. Graz 2003, S. 351–450.

Dietmar Seiler, Im Labyrinth der Geschichtspolitik. Die Erinnerung an die Shoa im öffentlichen österreichischen Gedächtnis, in: Zeitgeschichte 9/10. September/Oktober 1997, S. 281–301.

Barbara Stelzl, Lager in Graz: Zur Unterbringung ausländischer Zivilarbeiter, Kriegsgefangener und KL-Häftlinge 1938–1945, in: Stefan Karner (Hg.), Graz in der NS-Zeit 1938–1945. Graz 1998, S. 353–369.

Barbara Stelzl-Marx, Der „Liebenauer Prozeß": NS-Gewaltverbrechen im Spiegel der steirischen Nachkriegspresse, in: Ursula Heukenkamp (Hg.), Schuld und Sühne? Kriegserlebnis und Kriegsdeutung in deutschen Medien der Nachkriegszeit (1945–1961). Amsterdam – Atlanta 2001, S. 579–596.

Gabriela Stieber, Displaced Persons – Ausländerlager in Graz, in: Friedrich Bouvier – Helfried Valentinitsch (Hg.), Graz 1945. Historisches Jahrbuch der Stadt Graz. Bd. 25. Graz 1994, S. 235–250.

Szabolcs Szita, Die Todesmärsche der Budapester Juden im November 1944 nach Hegyeshalom-Nickelsdorf, in: Zeitgeschichte 3/4. März/April 1995, S. 124–137

Szabolcz Szita, Verschleppt. Verhungert. Vernichtet. Die Deportation von ungarischen Juden auf das Gebiet des annektierten Österreich 1944–1945. Mit einem Vorwort von György Konrád. Aus dem Ungarischen von Schmidtné Tasnádi Ágnes und Winfried Schmidt. Wien 1999.

Heidemarie Uhl, Erinnern und Vergessen. Denkmäler zur Erinnerung an die Opfer der nationalsozialistischen Gewaltherrschaft und an die Gefallenen des Zweiten Weltkriegs in Graz und in der Steiermark, in: Stefan Riesenfellner – Heidemarie Uhl (Hg.), Todeszeichen. Zeitgeschichtliche Denkmalkultur in Graz und in der Steiermark vom Ende des 19. Jahrhunderts bis zur Gegenwart. Wien – Köln – Weimar 1994, S. 111–195.

Heidemarie Uhl, Intervention in die Schweigestellen des „österreichischen Gedächtnisses", in: Christian Gmeiner (Hg.), Mobiles Erinnern. Gedenken: Todesmarsch ungarisch-jüdischer Zwangsarbeiter 1944–45. Unveröffentlichtes Manuskript. Krems 2005, S. 4.

Zeitungsartikel

Das Steirerblatt

Massengrab im Lager „Liebenau", in: Das Steirerblatt, 29.5.1947, S. 3.

Fünf Judenmörder der Lager Liebenau und Steinfeld vor Gericht. Für Fleckfieberkranke nur Morphium oder Erschießen – Morde im Luftschutzkeller – 60 Zeugen geladen, in: Das Steirerblatt, 9.9.1947, S. 3.

„Heil Hitler, Mordbefehl ausgeführt!", in: Das Steirerblatt, 10.9.1947, S. 3.

„Ob Recht, ob Unrecht, ich habe nie geprüft". Der Liebenauer Mordprozeß – Pichler erweitert sein Geständnis, in: Das Steirerblatt, 11.9.1947, S. 3.

„Er wird stets nach der Schrift leben". Frühwirt gesteht vier Morde ein – Thorbauer leugnet alles – Heute Urteil, in: Das Steirerblatt, 12.9.1947, S. 3.
Pichler und Frühwirt zum Tode verurteilt. Thorbauer drei Jahre Kerker – Zwangsarbeiter auf dem Steinfeld erschossen, in: Das Steirerblatt, 13.9.1947, S. 3.
Der Judentodesmarsch über Gaberl und Tauern. Volkssturmmänner vor dem Britischen Gericht – Gnadenschuss für den Selbstmörder, in: Das Steirerblatt, 16.9.1947.
„Himmelfahrtskommando" Gaberl – Trieben, in: Das Steirerblatt, 17.9.1947.
Drei Todesurteile des britischen Gerichts, in: Das Steirerblatt, 18.9.1947.

Die Wahrheit

Massengrab im Lager Liebenau aufgefunden, in: Die Wahrheit, 14.5.1947, S. 3.
Mörder bekam Zigaretten als Belohnung, in: Die Wahrheit, 17.5.1947, S. 3.
Das Lager Liebenau. Leserbrief von Dora Z., in: Die Wahrheit, 25.5.1947, S. 6.
Weitere Exhumierungen im Lager Liebenau, in: Die Wahrheit, 29.5.1947, S. 3.
Judengemetzel als „Spaß". Beginn des Prozesses gegen die Mörder im Lager Liebenau, in: Die Wahrheit, 9.9.1947, S. 3.
„Für Zigaretten leg' ich noch mehr um." Der Liebenauer Prozeß – Edder auf freien Fuß gesetzt, in: Die Wahrheit, 10.9.1947, S. 3.
Todesursache – Genickschuss. Frühwirt gesteht – Ein Zeuge unter Mordverdacht, in: Die Wahrheit, 11.9.1947, S. 3.
Der Liebenauer-Prozeß, in: Die Wahrheit, 12.9.1947, S. 3.
Pichler und Frühwirt zum Tode durch den Strang verurteilt. Drei Jahre Gefängnis für Thorbauer, in: Die Wahrheit, 13.9.1947, S. 3.
Judentransport mit „Beerdigungskommando", in: Die Wahrheit, 16.9.1947, S. 3.

Kleine Zeitung

Julia Schafferhofer, Die Lager von Liebenau: Murkraftwerksgegner stolpern über ein pikantes Detail: In Liebenau befand sich eines der größten Grazer Gefangenenlager des Dritten Reiches, in: Kleine Zeitung G7, 25.9.2011, S. 10f.

Neue Zeit

39 Leichen in Liebenau exhumiert, in: Neue Zeit, 29.5.1947, S. 3.
35 Morde im Lager Liebenau. Marschunfähige erschossen – Die Verhandlung vor dem Militärgericht, in: Neue Zeit, 9.9.1947, S. 3.

Ein lebender Häftling im Massengrab. Massenmorde des Personals vom Fremdarbeiterlager Liebenau – Ein Freispruch, in: Neue Zeit, 10.9.1947, S. 3.

Ein Geständnis im Liebenauer Prozeß. Pichler spielt „Menschlichkeitspolizei" – Zeuge Wolfsgruber im Effekt schwer belastet, in: Neue Zeit, 11.9.1947, S. 3.

„Bibelforscher unter Mordanklage". Heute voraussichtlich Urteil im Liebenau-Prozeß – Bewegte Szenen im Gerichtssaal, in: Neue Zeit, 12.9.1947, S. 3.

Zwei Todesurteile im Liebenauer Prozeß. Dramatische Urteilsverkündigung im Schwurgerichtssaal – Drei Jahre Gefängnis für Thorbauer, in: Neue Zeit, 13.9.1947, S. 3.

Fremdarbeiter unter Zwang ermordet. Der Angeklagte bekennt sich des Mordes schuldig – Ein sensationeller Freispruch, in: Neue Zeit, 13.9.1947.

Österreichische Volksstimme

Massengrab in einem Grazer Lager, in: Österreichische Volksstimme, 17.5.1947, S. 3.

Das Massengrab im Arbeitslager Liebenau, in: Österreichische Volksstimme, 29.5.1947, S. 3.

Zwei Todesurteile des britischen Militärgerichts, in: Österreichische Volksstimme, 13.9.1947, S. 5.

Österreichische Zeitung

Massenmorde an kranken Zwangsarbeitern, in: Österreichische Zeitung, 9.9.1947, S. 2.

Zwei Todesurteile im Liebenauer Mordprozeß, in: Österreichische Zeitung, 13.9.1947, S. 2.

Weltpresse

Das Massaker im Liebenauer Ausländerlager. Die Schuldigen vor dem britischen Militärgericht, in: Weltpresse, 10.9.1947, S. 4.

Wiener Zeitung

Zwei Todesurteile in Graz, in: Wiener Zeitung, 13.9.1947, S. 3.

Die Autorin

Doz. Dr. Barbara Stelzl-Marx, geb. 1971 in Graz, Zeithistorikerin, stv. Institutsleiterin des Ludwig Boltzmann-Instituts für Kriegsfolgen-Forschung, Graz – Wien – Klagenfurt, und Lektorin an der Karl-Franzens-Universität Graz. Studium von Geschichte, Anglistik/Amerikanistik und Slawistik an den Universitäten Graz, Oxford, Volgograd und an der Stanford University. Seit 1993 umfassende Forschungen in Moskauer Archiven. 2005–2008 APART-Stipendiatin der ÖAW. 2010 Habilitation für das Fach Zeitgeschichte an der Karl-Franzens-Universität Graz. Schriftführerin der Österreichisch-Russischen Historikerkommission. Seit 2011 Vizepräsidentin der Österreichischen UNESCO-Kommission.

Zahlreiche Publikationen, darunter die preisgekrönte Monografie „Stalins Soldaten in Österreich. Die Innensicht der sowjetischen Besatzung".

Kriegsfolgen-Forschung
Veröffentlichungen des Ludwig Boltzmann-Institutes für Kriegsfolgen-Forschung

Sd.-Bd. 8
Stefan Karner – Othmar Pickl (Hg.)

Die Rote Armee in der Steiermark
Sowjetische Besatzung 1945

Graz 2008. Leykam Verlag
ISBN 978-3-7011-0110-8
464 Seiten mit 19 Abb., € 29,90

Die sowjetische Besatzung der Steiermark war zwar kurz, hinterließ jedoch deutliche Spuren und prägte sich stark in das kollektive Gedächtnis der Bevölkerung ein. Erstmals geben ausgewählte sowjetische und bulgarische Dokumente einen direkten Einblick in diese kritische Phase der steirischen Geschichte: die letzten Kämpfe, die letzten Kriegstoten, das Ende der NS-Herrschaft, der alliierte Wettlauf um Gebietsgewinne, das mehrfach geteilte Land, der Beginn des Wiederaufbaus, das Verhältnis zwischen Besatzern und der Bevölkerung, die steirische Politik, Wirtschaft und Gesellschaft, Verhaftungen und Verschleppungen durch NKVD-Organe, Demontagen, Requirierungen, Übergriffe auf Frauen, erste Hilfsmaßnahmen.

Die Publikation wurde gemeinsam mit der Historischen Landeskommission der Steiermark erstellt. Mit Beiträgen von: Stefan Karner, Barbara Stelzl-Marx, Peter Ruggenthaler, Peter Sixl u. a.

Sd.-Bd. 13
Wolfram Dornik – Georgiy Kasianov – Hannes Leidinger – Peter Lieb – Alexey Miller – Bogdan Musial – Vasyl' Rasevyč

Die Ukraine
zwischen Selbstbestimmung und Fremdherrschaft 1917–1922

Graz 2011. Leykam Verlag
ISBN 978-3-7011-0209-9
544 Seiten, € 39,90

Kaum ein anderes europäisches Land hat zu Ende des Ersten Weltkrieges eine derart facettenreiche Geschichte wie die Ukraine. Zwischen den Zwängen des zerfallenden Russischen Reiches, den Mittelmächten, die große Gebiete Osteuropas besetzten, und einer starken aber zersplitterten Unabhängigkeitsbewegung, suchte der neue Staat einen Platz in Europa – und fand ihn letztlich doch nicht. Zu stark waren der Druck aus und die Bindungen nach St. Petersburg bzw. Moskau, zu schwach die internationale Unterstützung. 1922 ging die Ukraine in der Sowjetunion auf.

Erstmals versucht mit dieser Studie ein internationales Historikerteam, ein neues und faszinierendes Bild zu zeichnen. Dabei wurde auch ein bisher kaum bearbeitetes Thema aufgebrochen: Die vielfach rücksichtslose Besatzung der Ukraine durch deutsche und österreichisch-ungarische Truppen 1918 und ihre Auswirkungen und Folgen.